# 路氏导引健身功

路世才　著

河南科学技术出版社
·郑州·

**图书在版编目（CIP）数据**

路氏导引健身功/路世才著. —郑州：河南科学技术出版社，2013.9
ISBN 978-7-5349-6433-6

Ⅰ.①路…　Ⅱ.①路…　Ⅲ.①健身运动-基本知识　Ⅳ.①G883

中国版本图书馆 CIP 数据核字（2013）第 186377 号

---

出版发行：河南科学技术出版社
地址：郑州市经五路 66 号　　邮编：450002
电话：（0371）65737028
网址：www.hnstp.cn
策划编辑：吴　沛
责任编辑：吴　沛
责任校对：张景琴
封面设计：苏　真
版式设计：栾亚平
责任印制：朱　飞
印　　刷：开封智圣印务有限公司
经　　销：全国新华书店
幅面尺寸：170 mm×240 mm　　印张：9.5　　字数：184 千字
版　　次：2013 年 9 月第 1 版　　2013 年 9 月第 1 次印刷
定　　价：32.00 元（含光盘）

---

# 自序

本人自幼随父亲学习中医知识和导引养生术（家父路席珍，字聘卿，是中医外科医生，又精通武术、书法与养生）并坚持修炼至今。我曾受西医正规教育8年（专科2年、本科5年、专业进修1年），工作后又曾参加河南省第四届西医离职学习中医班系统学习中医学。

我从大学时期就开始热爱中医及气功养生学。除积极阅读这方面的书刊外，还不断地向省内和全国的著名养生家如：赵果彰、焦国瑞、韩秋生、张广德等老师学习、求教。

1959年大学毕业时因热爱中医，所以主动要求分配到河南中医学院工作，直至退休。在河南中医学院工作的前29年主教人体解剖学。在人体全身器官的构造与功能知识方面，打下了较坚实的基础。1988年7月奉命组建气功推拿教研室。从此，正式开始从事中医气功养生学的教学、医疗与科研工作。业余从事气功临床研究始于1980年。

截至今天，我共创编了医疗功法四套，还整理改编了几套功法。今欲将导引养生学的基本知识和九套功法，奉献给广大读者，希望能有助于维护和增进大家的身心健康。

本书的特点有三。一，拟用浅显易懂的语言文字讲解导引养生学的基础理论知识。二，本书推荐的九种功法，都是科学实用、易学、易练、保健作用显著，且安全可靠的功法。选择的这些功法，不但要求它要符合医理，而且还要求它要经得起临床验证。实际上，这些功法多数都是经过我数十年气功临床验证后优选出来的功法，所以，才郑重地推荐给大家。三，我倡导应用的这些导引健身法是一种经济实惠、无痛苦、无损伤的纯自然疗法，使人在轻松、愉悦的身心锻炼中获得健康。它无须求助别人协同配合，也不需要购买药物（药物就是自己身体内的精、气、神）与器械，所以，它是一种十分经济、主动的保健方法，值得珍视并大力推广。

作者

2013 年 6 月

# 作者简介

路世才，河南中医学院教授，1936 年出生，河南省新乡市人。幼年曾随父亲学习中医基本知识与养生之道。1952—1954 年在平原省立医科学校学习，结业时被保送入河北医学院医疗系本科，1959 年毕业。1960—1961 年到河南医学院进修人体解剖学，1971—1972 年参加河南省第四届西医学习中医班系统学习中医学。1959 年大学毕业时主动要求分配到河南中医学院工作至今。执教人体解剖学多年，1980 年以来从事气功医疗与科研工作，自 1988 年 7 月奉命组建气功推拿教研室，改教“医用气功学”“推拿练功学”等课程。曾任中医系副主任、气功推拿教研室主任，现为河南中医学院气功养生康复专业教授，河南中医学院气功研究所所长，兼任河南中医药学会气功学会主任委员，全国气功教育研究会理事，世界医学气功学会常务理事、副秘书长、学术委员会副主任及专家委员会专家等。

自工作以来，他在教学、医疗、科研工作中工作勤奋、作风严谨，一贯热心于中西医结合工作，临床上坚持中西医结合的诊疗方法，尤其善于运用气功、食疗、点穴、中药等传统方法防治疾病。对气功偏差、高血压、体质虚弱（虚劳）、低血压、胃及十二指肠溃疡、慢性结肠炎、慢性胃炎、慢性肝炎、自主神经功能紊乱、近视眼等病症疗效突出。1982—1986 年运用他本人创编的“增视功”对省内 1 712 名中学生进行了近视眼防治实验。实验证实：增视功对各类近视都有显著的防治作用。该项科研成果荣获 1987 年河南省医药卫生科技成果三等奖，被收入《建国 40 年中医药科技成就》及《全国预防医学 1987—1991 年科技成果汇编》，1994 年还被收入全国中医高校的《中医气功学》教材。近年来，又用改进型的增视功对一批 –10D 至 –33D（1 000 ~3 300 度）的高度近视及视神经萎缩等疑难眼病进行治疗，取得了良好效果。

1962 年开始由他主持的“对祖国医学文献中骨学部分的考证”这一中医基础理论研究，获得河南省 1992 年中医药科技进步三等奖。鉴定专家认为：该研究不仅填补了我国清代以来这一领域研究的空白，而且是传统医学继承与创新性研究的一个范例。

1931 年开始中医气功临床工作。河南中医学院针灸研究所门诊部（三附院前身）开诊时即由他创建中医气功专科门诊（1993 年 9 月 16 日开诊）。他先后发表学术论文 20 余篇，其中 7 篇被省、市科协评为自然科学优秀论文。著作有《增视功》《路氏八段锦》（音像教材）、《医用气功学》《中医气功学》《中西医肿瘤诊疗大全》等。他曾受河南省卫生厅和学院的委派与美、日、法、意、德、瑞士、沙特、韩国、荷兰等国来访的医学、养生界同行进行学术交流，并进行气功讲学与教功活动。

工作以来，曾数次被院、系评为先进工作者，还被授予“1984—1988 年郑州市优秀科技工作者”“河南省关心下一代优秀工作者”“河南省先进老年科技工作者”“河南老干部先进个人”等荣誉称号。2010 年6 月22 日，被世界医学气功学会授予“医疗气功事业开拓贡献奖”。

他的人生格言是：“自强不息，全心全意为人民服务”。

# 目 录

# 第一章　绪　论

## 第一节　导引健身功的定义

导引健身功是修炼者在个人意志的主导下，科学地调整身体姿态或有针对性地做一些躯体动作，也就是躯体方面的导引，专业术语称“调身”；同时还需选择一些积极、有益的呼吸方法进行锻炼，此属呼吸方面的导引，术语叫“调息”；还要求进行思想意识的调控与锻炼，并注重道德涵养、修身养性，这是思想意识的导引，术语称“调心”。通过以上三方面的综合修炼，可使自身器官的生理活动乃至人体产生自我控制、自我调节及自我改造的作用，从而获得通经活络、活跃气血、调理脏腑、培补元气的效果，最终达到涵养道德，改善体质，防治疾病，强身康复，益智延年的目的。这种锻炼方法和修炼手段就是中医最古老而独特的导引疗法。因为它是靠自身修炼获得的，所以它不但能治病，而且有很好的健身防病作用，所以，我称其为“自我导引健身法”。

## 第二节　导引健身功的分类

导引健身功的修炼形式多种多样，种类繁多。现以修炼时躯体的动静状态、修练时的体态、修炼内容、应用等常用的归类方法区分如下。

### 一、按修炼时躯体的动静状态分

**（一）静功**

修练静功时，人体外形没有动作，但身体内却是动的，如桩功、坐功、卧功等。

**（二）动功**

动功是形体以运动为主，但要求动中有静。民间称其为“外功”。如五禽戏、八段锦、太极拳、形意拳、八封掌、大雁功等。

**（三）动静结合功**

动静结合功指功中含有动、静两种内容，两者兼而练之。此类功亦要求外动内静、动中求静。如达摩易筋经、增视功等。

## 二、按修炼时的体态分

**（一）站功（通称桩功）**

站功即指站立练功。它具有增力、壮体、发动真气、培养元气、提高身体素质的作用，所以它也被武术界选作基本功。具体功法如马步桩（高、中、低位）、三圆式、探马式、伏虎式等。

**（二）坐功**

坐功即指以坐的形式练功。此法易于启动真气而不外散，能打通经络，是一种常用的祛病延年方法。如内养功、真气运行法等。坐功又可分为：垂腿坐（坐在凳子或椅子上修炼），医院多采取此种坐法；盘膝坐，又分自然盘膝（散盘）、单盘、双盘等形式；跪坐。

**（三）卧功**

卧功指以卧式练功。此又分为仰卧、侧卧两种形式。作用同坐功。

**（四）行功**

行功指以行走的形式练功。通过松静、柔和的行走锻炼，达到缓节柔筋、和畅气血、促进脏腑功能的作用。适合广大慢性患者采用，也可作为强身健体之用。如自控气功即属此类。

## 三、按修炼的内容分

**（一）命功**

肾精及身躯有形之物谓之命。命功是道家、佛家通过修炼形体，来达到健身、益寿延年目的的一类功法。如易筋经、八段锦、太极拳等。

**（二）性功**

神意活动谓之性。是注重意识活动锻炼为主的功法。其范畴还包括涵养道德，陶冶情操。此类功法一定要在老师指导下练习，以免出偏。如佛学的参禅意守法。

**（三）性命双修功**

性和命是人体生命中互相依存、互相联系而不可分割的两个方面，而每个功法的侧重点不同。我们可以在性、命二者之中选修一种，而后再修另一种，以求达到全面。故有上炼神慧以修性，下炼真精以修命，通过性、命的全面修炼达到性命会合、水火相济、阴阳调和、形神合一的高深境界。

## 四、按门派归属分类

### （一）医学功法

医学功法是以医学理论为指导，以防治疾病、益寿延年为中心课题的导引修炼功法，是中医学的精华和重要组成部分。如六字气诀、延年九转法、气功自控疗法、祛病延年二十式等。

### （二）儒家功法

儒家气功以修身养性为主，特别重视心性的陶冶。孔子提倡“仁学”，主张人与人之间应互相敬爱。孔子一生严以律己，追求完美理想的人格，十分重视道德的修养，要求对人要宽厚大度，要乐于助人，与人为善。再如孔子的孙子子思提出的“慎独”的主张，即时时、事事都要合乎正心、诚意。孟子提倡“存心养性”。因为孟子认为人生性善良，所以提出要保存人善良的本心，培养人善良的本性。孟子还提倡，人要善养吾“浩然正气”（浩然正气指充满正义、坚韧、正直、博大的思想意识）。

儒家代表功法为坐忘法。

### （三）道家功法

道家养生着眼于人与自然的关系，在于掌握自然规律，顺应自然规律，遵循自然规律，即合理的生活，以求享尽天年。

老子主张“清静”“无为”。老子讲的“无为”并非无所作为，而是主张因势利导，自然而为。即尽力沿着客观规律去办事，不可违背自然的强求。

道家代表功法为周天功。

### （四）佛家功法

佛家强调心灵净化，精神解脱的修炼。小乘佛教更提出戒、定、慧的三步修炼程序。“戒”：是戒律，要求修炼者以坚强的意志来控制自己的思想和行为，按照去恶、趋善的方向进行道德修养，持戒越严，妄念也越少，实乃佛家调心的有效方法。“定”：进一步修持“诸恶莫作，众善奉行”，要求达到不受内外界引诱，内心不乱，本性清静，意志坚定的新境界。“慧”：修到了极高的思想境界、完全为他人着想的水平，即达到了“大彻大悟、自觉为他”的境界，人的心理、生理就会高度净化，人本身就会产生无穷的生命力与智慧，自然也就会健康长寿。

佛家功法如禅定法、达摩易筋经等。

## 五、按应用分类

### （一）医用导引

以医学理论为指导，以医疗保健为目的的导引称为医用导引。

**（二）体育竞技导引**

以提高运动竞技水平为目的的导引称为体育竞技导引。

**（三）武术导引**

以技击、强身为目的的导引称为武术导引。

**（四）艺用导引**

艺用导引又分为：

1. 音乐、戏剧导引　音乐、戏剧工作者十分重视精、气、神的修炼，尤其注重气息锻炼。一个练功有素者，由于丹田气充足，其声音必然会圆润响亮，浑厚有力。

2. 舞蹈、杂技导引　导引最早即来源于舞蹈。舞蹈、杂技十分重视意、气、力的综合锻炼与运用，实际上就是导引修炼中调心、调息、调身三要素的修炼。

3. 书法、绘画导引　传统的中国书法与绘画在进行创作时，都强调“平心静气”“精神专注”“意在笔先”，这是很好的排除杂念的方法（调心）；还要求做到心平气和，这与导引追求慢、细、匀、长的呼吸基本相同（调息）；写字、绘画时强调的坐姿端正、站立平稳与导引的自然静坐法和马步桩功的要领（调身）完全一致。所以，中国书画就是一种极佳的导引练功方法。

## 第三节　导引健身功名称的历代称谓及当今名称的争论

由于导引疗法十分古老，所以，自古至今名称繁多，差别很大，为了学习、弘扬这一优秀疗法，归类介绍如下：

### 一、导引疗法在历代使用过的不同名称

1. 躯体运动为主者　舞、按跷、按摩或推拿。

2. 炼“气”为主者　服气、食气、行气、运气、调气、引气、炼气、吐纳、胎息、踵息等。

3. 炼“意”为主者　坐忘、养性、正心、清静、静坐、坐禅、禅定、参禅、存想、守一、返观、内视、返璞归真等。

4. 其他　修身、修道、修真、修命、炼丹、内丹术、周天功、养生、摄生、易筋洗髓、导引养生法等。

### 二、中医典籍中的名称

两千多年前的中医经典《黄帝内经·素问·异法方异论篇》记述："中央者，其地平以湿，天地所以生万物也众，其民食杂而不劳，故其病多痿厥寒热，其治宜导引按跷。……"意思是说，我国中央地区，地势平坦而湿润，气候适中，物产丰富，人们食物品种繁多，生活比较安逸，少于劳动，易发生痿病（指四肢软弱无力，运动能力减退，甚而肌肉萎缩的一类疾病）和厥证（简称"厥"，即突然一时性昏倒或伴有四肢逆冷，但大多可以逐渐苏醒，且不留后遗症的这类病症）。这类疾病适宜用"导引"（即通常说的"气功"）和"按跷"进行治疗。

又如《黄帝内经·灵枢·病传篇》记述："黄帝曰：……余私览于诸方，或有导引行气，乔摩、灸、熨、刺、焫、饮药……"，此段意为："黄帝说：'我自己已阅读了一些方书，其中有气功、按摩、灸法、药物热敷、针刺、火针、服药等治疗方法……。'"这里的"导引行气"，即当今说的"气功疗法"。

### 三、当今普遍采用的"气功疗法"名称的由来与争议

"气功"一词，早可见于晋代许逊的《净明宗教录》中，有"气功阐微"一词；明代《正统道藏·灵剑子·松沙记》中有"学道之士，先行气功内丹长生久视之法"；近代，上海方公溥医生，1938年编有《气功治验录》。以上，不同时期虽然都曾有人用过"气功"一词，但均没有引起人们的重视，更未形成一个普及的概念。

新中国成立之初的20世纪50年代，由河北省的刘贵珍老师提出并在国家有关部门的参与下，确立了"气功疗法"这种医疗方法的通用名称，并在国内外得到了普遍的应用与推广。但有一些学者对此名称颇有争议，认为"气功"一词易让人误认为该疗法主要是研究呼吸的学问，而忽略了其他方面的作用。不过"气功疗法"一词，已经得到了广泛的普及，被广大人民群众接受、采用，要进行更改相当困难。我认为，不妨把它作为导引疗法（学名）的俗名看待更为恰当。

## 第四节 导引锻炼的意义和作用

研究资料表明，导引练功能在减少氧气及能量消耗的情况下，调整和加强神经、循环、消化、呼吸、泌尿、生殖、感官和内分泌等各系统的功能，改善新陈代谢，从而达到祛病、强身、延年的目的。

祖国医学认为，人有“三宝”，叫精、气、神。精，是指构成人身形体和维持人生命活动的基本物质，它的存在是通过形态结构表现出来的。携带遗传信息的微观物质叫“先天之精”，是生命的原始物质基础，它还要靠从饮食、呼吸得来的“后天之精”不断滋养，进行新陈代谢，才能维持正常的生长、发育和生命活动。气，是激发和推动功能活动的微观物质，它的存在，是通过功能活动表现出来的。气，包括由呼吸之气和水谷之气组成的后天之气，以及由遗传得来的“元气”（先天之气）。先天之气和后天之气总合起来，又称“真气”。精与气是密不可分的。神，有支配和调节生命活动的功能，是精与气的集中表现，是生命的控制中心。由此可见，精、气、神就是生命的根本，练功的意义就在于维护这“三宝”，以祛病延年。按性质分，神和气为功能，属阳，精为物质，属阴，练功的意义在于调整阴阳，使之能长期处于平衡、协调、统一的状态之中，人自然就可以健康长寿。《修令要旨》记述：善于养生的人，行立坐卧，时刻将注意力集中于“丹田”（脐下三寸的关元穴），不使意念散乱，默想精气沿脊柱上升，经过下端的“尾闾”，中段的“夹脊”，后脑的“玉枕”这三关，再从任脉下降，随呼吸升降，使任、督二脉气血畅通，则自然生精益气，形体健壮而能抗衰老。这说明“调心”结合“调息”，“炼意”结合“炼气”这种“小周天”功法能沟通任、督二脉，可以健身益寿，若再配合导引按摩等方法，防治疾病的作用就更强了。

总之，气功是一种主动疗法，能发挥人的主观能动性，可坚定战胜疾病的信心，锻炼人坚强的意志；它又是一种整体疗法，能改善全身的新陈代谢，增强体质，提高适应环境和防御疾病的能力；它还是自然疗法，简便易行，不受条件限制，只要循序渐进，持之以恒，就可以充分发挥它自我调节功能的作用，使人消除疾病、增进健康。

综合古今学者们的意见，修炼导引功法，可以产生如下的作用：①强身防病；②治病；③疾病康复；④提高和增强人体器官的生理功能；⑤增强人体抗灾害的能力；⑥抗衰老（益寿延年）等。

我认为只要根据修炼者的身体情况，选择适当的功种与练功方法，并遵照练功要领认真坚持练功，就可以获得防治疾病的良好效果。根据气功文献报道及我本人多年气功临床的实践，气功疗效突出的病症有：慢性胃炎、胃及十二指肠球部溃疡、胃肠道功能紊乱、溃疡性结肠炎、慢性肝炎、非活动性肺结核、矽肺、遗精、阳痿、月经不调、慢性盆腔炎、颈椎病、腰椎病、肩周炎、高血压、低血压、冠心病、神经衰弱、自主神经功能紊乱、痔疮、近视等。

## 第五节 导引健身功(气功疗法)的历史、现状与展望

由于气功疗法的历史久远、内容丰富、情况复杂，介绍起来要占据大量的篇幅，本书以实用为主，所以我决定采用概括的写法来介绍我国导引健身即气功疗法的历史、现状和展望。

### 一、历史

导引健身法历史久远，积淀深厚，广采博引，理法日趋深广，受到历代医家、学者推崇以及人民的热爱。发展史虽然波折起伏，但导引学术之路却越走越宽广、越深远。

### 二、现状

导引健身法学术空前发展，众多学术园地（专业学术报刊、杂志、学术组织）鲜花盛开，气功课程纳入中医高等教育，人才辈出（20 世纪 50 年代以来，我国气功学术界出现了不少优秀的专家和专业人才。学位教育方面，气功学硕士、博士不断成才。但从社会需求方面着眼，真正的气功专业人才又十分匮乏），中西医学界联手，气功科研成果累累，功法纷呈（但鱼龙混杂）。20 世纪末，气功过快发展的同时，邪风迅起，由于正气不足，以致邪魔泛滥，流毒国内外，气功学界呈现了正虚邪实的不良状态。导致人民受害，怨声载道。2000 年国家严管，志士奋起，打击邪恶，正本清源，共创未来。

### 三、展望

气功学术界认为只要国家重视，大家团结一致，扶正祛邪，坚持正道，气功学术就一定会造福人类，其前途远大，功德无量。

## 第六节 《路氏导引健身功》书名的思考

导引健身功中“导引”二字，为了更容易理解，我们不妨将其倒转过来读作“引导”。也就是说，它是通过引导人们建立科学的思维，合理、有效的呼吸及躯体运动等手段来养护生命，防治疾病与增强体质的学问和方法。

我国从 20 世纪 50 年代起，将“导引疗法”改称为“气功疗法”。而且这一名称已经普及到了国内外，成了该疗法一个被广泛采纳的通用称呼。我虽然

不反对用气功疗法的名称，但却一直倾向于采用导引疗法的名称。其理由如下：

第一，“导引疗法”是中医数千年前就已经被正式采用的学术名称。见《黄帝内经·素问·异法方异论篇》提到了“导引”疗法；又如《黄帝内经·灵枢·病传篇》称其为“导引行气”。据此，我院针灸研究所门诊部（河南中医学院三附院的前身）开诊伊始，我的专科门诊就定名为“导引养生室”（1993年9月6日正式开诊）。

第二，气功疗法的名称，不能涵盖本疗法的全部实质内容。它还容易误导群众，让人理解成主要是用呼吸锻炼的方法。实际上本疗法应包括思想意识的调整和躯体锻炼等方面的修炼内容。

第三，导引修炼不仅有很好的医疗作用，同样也是一种极佳的健康身心的锻炼方法，没有病的人，为了增进健康也可以修炼。所以，我把“导引疗法”改称为‘导引健身功”。这样“除病”“强身”的作用均可包含在“健身”一词之中，其适用范围更为广泛。

第四，我现在写的这本书，概括了本人对导引养生毕生的学习、继承与弘扬的理念。写作中我坚持了中西医结合的方向，融入了我个人的学术见解，奉献出我创编或改编的系列功法，为了对人民群众负责，所以冠上我的姓氏，取名《路氏导引健身功》。

# 第二章　导引健身功的中医理论基础

导引健身功是祖国医学遗产的一部分，所以中医学的基础理论，也就是导引健身功的基本理论。

## 第一节　阴阳学说

阴阳学说是在一元论基础上建立起来的中国古代朴素的对立统一理论，属于中国古代唯物论和辨证法的范畴。用以说明事物间阴阳正反两方面相互对立而又统一的关系。

阴阳是一种抽象的属性概念，而不是具体事物的实体概念。所以《灵枢·阴阳系日月篇》说“阴阳者，有名而无形”。

### 一、事物阴阳属性归属

事物阴阳属性归属见表2－1－1。

表2－1－1　事物阴阳属性归属

| 属性 | 阳 | 阴 |
|---|---|---|
| 空间 | 上、外、左、南、天 | 下、内、右、北、地 |
| 一天 | 昼 | 夜 |
| 季节 | 春夏 | 秋冬 |
| 温度 | 温热 | 寒凉 |
| 湿度 | 干燥 | 湿润 |
| 重量 | 轻 | 重 |
| 亮度 | 明亮 | 晦暗 |
| 事物运动状态 | 功能、上升、动、兴奋、亢进 | 物质、下降、静、抑制、衰退 |

## 二、阴阳学说的基本内容

**（一）阴阳的相互对立**

阴阳学说认为，各种事物之间都存在着相互对立的阴、阳两个方面，而且它在不断地相互排斥、相互斗争着，也正因为它们不断地互相排斥与斗争，才推动着事物的变化和向前发展。它们之间还相互制约着，如果一方太过，就会引起另一方的不足；相反，一方的不足，也会导致另一方的太过。如《素问·阴阳应象大论篇》说“阴胜则阳病，阳胜则阴病”。

**（二）阴阳的相互依存**

阴和阳两个方面，既是互相对立的，又是互相依存的，任何一方都不能脱离另一方单独存在。每一方都以另一方为存在条件，阳依存于阴，阴依存于阳。这种相互依存的关系，通常又称为“阴阳互根”。

**（三）阴阳的相互消长**

相互对立、依存的阴阳双方，不是处于静止不变的状态，而是处于互为消长的运动变化之中。如四季气候寒暖变化就是这样的过程。或是“阳消阴长”，或是“阴消阳长”。如果此消长过程超出了一定的限度，不能保持相对平衡时，就会出现阴阳某一方偏盛或偏衰的现象。

**（四）阴阳的相互转化**

阴阳中的一方，当其发展到一定阶段时，可以向各自相反的一方转化。阳可以转化为阴，阴也可以转化为阳。如《素问·阴阳应象大论篇》讲“重阴必阳，重阳必阴”及“寒极生热，热极生寒”都说明这个问题。

## 三、阴阳学说在导引疗法中的应用

**（一）呼吸方面的应用**

阴阳学说认为，吸入的是阴精，呼出的是阳火。对心火偏盛、口舌糜烂生疮、心烦不寐者可练六字诀的“呵”字功，长呼“呵”字以泻心火。

**（二）时间方面的应用**

阴阳学说认为，练功要注重时间。例如选练“子午功”，就是取其正当阴阳转化之际，此时练功，易生调理阴阳之效果。故养生家常推崇子午功。

**（三）季节**

春夏二季阳气耗散的快且多，所以中医主张春夏养阳；秋冬二季阴精消耗得多，所以中医主张秋冬宜养阴。

**（四）病情**

中医诊治疾病，对阴盛者以阳调之，阳盛者以阴调之。本书功法中的“自我调节疗法”，即按脏器阴阳属性，阴脏用阳性功法调理，阳脏用阴性功法调理的原则进行导引治疗。

## 第二节　五行学说

### 一、五行学说的基本概念和对事物的五行归类

五行学说认为，宇宙间的一切事物都是由木、火、土、金、水五种基本物质所构成的。自然界各种事物和现象的发生、发展和变化，都是这五种物质不断运动和相互作用的结果。

“五行”概念是古人从生活中观察得出的。古人发现木、火、土、金、水这五种物质，是人们生活中所不可缺少的。另外还总结出它们的不同属性，即：水具有润下、下流的特性，火具有温热和上升的特性，木具有曲直生长的特性，金具有容易变化的特性，土具有生长庄稼的特性。以后又补充引申五行的属性为：凡具有寒凉、滋润、向下运行的事物，均归属于水；具有温热、升腾作用的事物，均归属于火；具有生长、升发、条达、舒畅作用或性质的事物，均归属于木；具有清洁、肃降、收敛等作用的事物，均归属于金；具有生化、承载、受纳作用的事物，均归属于土。所以这五行属性，并不等同于木、火、土、金、水本身，而是将事物的性质和作用与五行的特性相类比，归纳出的五类事物属性。现将世界万物按五行属性归类见表2－2－1。

表2－2－1　事物属性的五行归类表

| 自然界 | | | | | | | 五行 | 人体 | | | | | |
|---|---|---|---|---|---|---|---|---|---|---|---|---|---|
| 五音 | 五味 | 五色 | 五化 | 五气 | 五方 | 五季 | | 五脏 | 五腑 | 五官 | 形体 | 五志 | 五液 |
| 角 | 酸 | 青 | 生 | 风 | 东 | 春 | 木 | 肝 | 胆 | 目 | 筋 | 怒 | 泪 |
| 徵 | 苦 | 赤 | 长 | 暑 | 南 | 夏 | 火 | 心 | 小肠 | 舌 | 脉 | 喜 | 汗 |
| 宫 | 甘 | 黄 | 化 | 湿 | 中 | 长夏 | 土 | 脾 | 胃 | 口 | 肉 | 思 | 涎 |
| 商 | 辛 | 白 | 收 | 燥 | 西 | 秋 | 金 | 肺 | 大肠 | 鼻 | 皮 | 悲 | 涕 |
| 羽 | 咸 | 黑 | 藏 | 寒 | 北 | 冬 | 水 | 肾 | 膀胱 | 耳 | 骨 | 恐 | 唾 |

### 二、五行的生、克、乘、侮

#### （一）五行相生

五行相生，指两行之间资生、助长关系。即：木能生火，火可生土，土生金，金生水，水生木。

**（二）五行相克**

五行相克，指二行之间的制约、克制关系。具体是指：木克土，土克水，水克火，火克金，金克木。

以上这种生克关系是循环往复，无穷无尽的。相生相克是不可分割的两个方面。没有生克，事物就不能维持正常的协调关系，也不会有事物的变化与发展。因此，必须生中有克，克中有生。相生相克既是相反的，又是相成的。因为，无生则增长无源，无克则一行过亢必将为害。

相生关系中任何一行，都有“生我”“我生”两方面的关系，《难经》把它们比喻为“母”与“子”的关系。在相克关系中任何一行，都具有“我克”“克我”两方面的关系，《黄帝内经》把它们称为“所胜”与“所不胜”的关系。

**（三）五行“相乘”与“相侮”**

“相乘”与“相侮”都属于事物发展变化的反常现象。

“乘”，乃乘虚进行侵袭的意思；“侮”，是指恃强凌弱的意思。举例来讲：金本是克木的，木本是克土的，但当木气亢盛，土气虚衰的时候，亢盛的木就会乘土之虚而制服它，同时还会反过来欺侮金。

### 二、五行学说在导引养生中的应用

明代，赵台鼎在其《脉望》中介绍了两种利用五行生克关系治病的方法。其一，对脏腑虚证者，采用泻克我的一方来补虚的方法。如，脾气虚弱者，可用六字诀的“嘘”字来调，意即脾土虚弱时，用削弱克脾土的一方泻肝木的方法应对之。其二，对脏腑实证的患者，提出可按五行生克中“实则泻其子”的原则治之。如心火过旺时，可先用六字诀之“呵”字调之，如仍不减时，即可试用泻心火之子脾土的“呼”字诀进一步调之。

## 第三节　精、气、神学说

历代医家都认为精、气、神是人体中三种最宝贵的物质，所以导引养生家非常重视精、气、神的锻炼。

### 一、精

精是人体中一切精微有用的具有滋养人体的细微物质，是构成人体并维持人体生命活动的最基本物质，是人体生命之本源，故《素问·金匮真言论篇》说：“夫精者，身之本也。”

从精的来源说，有二：其一是来自先天的“先天之精”，也叫“元精”，它是人体生长、发育的基础。如《灵枢·经脉篇》所说：“人始生，先成精，精成而脑髓生，骨为干，脉为营，筋为刚，肉为樯，皮肤坚而毛发长。”这是说，人开始最先是禀受父母之元精，即先天之精形成胎儿，孕育在母体之内，受母体气血的供养，而后形成脑髓、骨骼、筋脉、皮肉、毛发等整个人体的器官。其二，是“后天之精”，它来自后天，是由来自空气和饮食水谷的精微物质构成。它可以充养人体生长、发育和生理活动的需要。

精又有狭义和广义之分。狭义之精是指生殖之精，藏于肾。生殖之精乃先天之基础，被认为是“先天之本”。广义之精，是指五脏六腑之精，也就是人体主要器官的物质精微，是由空气入肺，水谷入胃之后，经过人体的“气化作用”而生成的。除保障人体生长、发育、生理活动之外，还可以充养先天。五脏之精皆藏于肾。

## 二、气

气是人体内活力很强、运行不息的极精微物质。它推动和调控着人体内的新陈代谢，维系着人体的生命活动。气的运动停止，就意味着生命的终止。

“气”，在祖国医学里的概念很广。按阴、阳说：凡具有寒凉、抑制特性的称为“阴气”，具有温热、兴奋特性的称为“阳气”。按表里说：气在表者为“卫气”，气在里者为“营气”。按部位说：气在上焦的为“宗气”（也叫“肺气”），气在中焦者为“中气”（也叫“胃气”），气在下焦者为“元气”（也叫“肾气”）。按气的来源又分为两种。第一种是“先天气”，先天气又可分为两种：①人生之初的一点“精气”（指男、女两性的生殖细胞，精子和卵子），这是胎儿形成、生长和发育的初始功能；②另一种是胎儿在母体孕育期间所获得的功能。此先天之气也称“元气”。第二种是所谓的“后天气”，指婴儿出生之后的“气”。后天气按其来源也可分为两种：一种是肺所呼吸的气；另一种是来自饮食水谷里的营养物质，中医称其为“水谷之气”。因为这两种气，都是来自后天，所以叫“后天气”。

先天气与后天气关系非常密切，两者相互依赖，相互影响，相互作用。先天气是人体生命活动的基础动力，后天气是充养身体、进行生命活动的物质来源。所以，先天气有赖后天气的充养，后天气有赖先天气的推动，两者谁也离不开谁。

气还有一个分法，即狭义的气与广义的气。狭义的气，就是指呼吸之气；广义的气，则是指人体的真气。真气就是人体的全部生理功能。它是先天气和后天气相互作用形成的，是人体生命活动的动力。

气在人体生命活动中的表现是多方面的，但是，最重要的是气在人体中的动力作用。人体的各个组织器官之所以能发挥自己的功能，主要就是由气的“动力”作用而实现的。所以，练功家都把“气”的锻炼，视为练功的一个很重要的手段。

### 三、神

“神”是指人的精神活动，是大脑的功能，是人体生命活动的最高表现，对人体的生命活动起着“统帅”作用。所以，《素问·灵兰秘典论》说：“心者，五脏六腑之大主也，精神之所舍也。”这都说明心是主精神活动的。

神生于先天之精气，又赖后天水谷精气的充养，所以精气是产生神的物质基础。人的精神活动，是人类所独有的。大脑的特殊结构和“五脏之精”，是精神活动的内部物质基础，客观事物在大脑的反映，则是精神活动的外部依据。人的精神活动能对人的整个生理活动发挥控制和调节作用，所以对人体健康有重大作用。

传统导引修炼的主要对象就是精、气、神。通过锻炼使后天耗散、丢失的精气神得以恢复、充实，从而达到健康长寿的目的。养生家除用导引方法调养精、气、神以外，日常生活中也十分注重工作、学习、生活不过劳。适当节制性生活以求保精。注意调息少言以求养气。清心寡欲，神不外驰以求养神。精满、气旺、神足自然会健康长寿。

## 第四节　五脏与导引养生

祖国医学的脏（藏）象学说，是中医各科的基础，对导引疗法亦不例外。兹以五脏为主，分别说明它们与导引养生修炼的关系。

### 一、心

**（一）西医**

心居胸腔内，是脉管的枢纽、循环系统的中心，靠其舒缩运动推动血液在脉管中流动。以管道系统连接全身的器官组织，为其运送营养物质，运走废弃物质等，以维持全身器官、组织的正常生理活动。

**（二）中医**

1. 心主血脉　该认识与西医所讲的心的功能基本一致，即心是血液运动的动力，经脉是血液运行的通道。而且通过体表可以触到脉的跳动或形体，又由于颜面皮肤和舌的黏膜都很薄，血管分布丰富，所以心气旺盛、血流通畅时，舌与面部都会表现出红润、光泽的形象。故有“心在体为脉，其华在面，开窍于舌”之说。

心主血液正常运行的同时，其本身也需要血液的濡养。濡养心脏的血液称为“心血”（西医所讲的冠状动脉中的血液），它是心气产生的物质基础，而心气又是维持心正常搏动的动力，二者相辅相成，以维持心脏的正常生理功能。

2. 心主神明　神明，是指人的精神意识和思维活动。中医认为心是主管人的神志活动的，所以《灵枢·大惑论》说：“心者，神之舍也。”这里说的心，实际就是现代医学说的大脑。所以，心的气血充盛，人就可以保持神志清晰、思维敏捷。

中医还认为，心是人体生命活动的主宰，心在全身脏腑器官中居首要地位，它的健康与否，对其他器官有着重要的影响，所以《素问·灵兰秘典论》说：“心者，君主之官也……故主明则下安……主不明则十二官危。”

3. 心与导引养生　导引养生家平素都注意有意识地调整呼吸与心态，令自己平心静气，心平气和，这样心率就会缓慢下来，给主血脉的心创造一个休养生息的良好状态。练功调息中，深长的呼吸，使膈肌大幅升降，肺也加大了舒缩，这不仅促进了心脏的被动运动，而且促进了静脉血的回流，这些都能起到改善血液循环、促进心脏功能的作用。

练功中普遍运用的入静锻炼，使主神明的心（大脑）得到静养的条件。

著名导引功法“人体生命再生工程”中，运用中医“脏象”“阴阳”的理论颇多，如“调心法”中，依据心为阳脏，且为阳中之阳，所以要用至阴的功法来调。按动为阳、静为阴，所以采取动作幅度最小、步速最慢的设计，来达到阴阳调和的目的。

## 二、肝

### （一）西医

肝在腹腔内，居右上腹部，为人体最大的消化腺。肝生胆汁，消化脂肪，还是人体的化工厂、解毒器官；胎儿时期的造血器官，成人的血库，还有一定的防御功能。

### （二）中医

1. 肝主疏泄　疏泄，即舒展、通畅的意思。肝主疏泄是指肝气具有疏通、畅达全身气机，使脏腑经络之气运行畅通无阻，进而促进血液与津液的运行、输布，促进脾胃的运化功能和胆汁的分泌排泄，促进男子排精、女子排卵行经的正常运行，调畅情志等。

2. 肝主藏血　肝藏血，是指肝脏有储藏血液、调节血量和防止出血的功能。

3. 肝与筋、爪、目、泪的关系　筋，即筋膜、韧带和肌腱。爪，即爪甲，包括指甲和趾甲。目，即眼，乃人之视觉器官。泪，指泪液。以上筋、爪、目、泪均与肝密切相关，筋、爪均靠肝的精血濡养，目除靠肝的精血濡养之外，肝经还上连目系，泪液更是肝的精血所化。所以，肝精血充足时，筋才会强健，运动灵活有力，能耐受疲劳；爪才会坚韧，红润，有光泽；目才能视物清晰，辨色准确；泪液才会分泌正常。如果肝精血不足，就会出现动作迟缓，运动不灵活，容易疲劳，甚而手足震颤、肢体麻木、屈伸不利的情况，爪甲也会色淡、薄软、变形和脆弱，眼睛会出现视物不清、昏蒙目眩，泪液分泌减少，两眼干涩等种种表现。

4. 肝与导引养生　肝与人的情志关系密切，特别是怒，怒由肝生（乃肝之精气所化），一般的怒，可以借其宣泄，维持人情绪的平衡，有一定生理意义，但大怒、暴怒，会伤肝，造成肝的功能失常，引起肝气上逆，肝阳上亢。因血随气逆，所以会引起出血、中风等病症；或郁怒不解会引起肝气郁结的不良后果。导引练功中要求入静，让人情绪宁静，全身放松，这样肝气舒和条达了，上亢之肝阳自然潜降，症状平复。另有《九转返还法》，其中摩运两胁，就有很好的疏肝理气，促进胆汁排泄的调肝作用。

## 三、脾

### （一）西医

脾是人体最大的淋巴器官，位于左上腹部，呈扁椭圆形，质脆易裂。胎儿时期其具有造血功能，出生后只保留制造淋巴细胞的功能。脾内的巨噬细胞有吞噬和清除血内异物、细菌及衰老死亡的红细胞的作用。脾还有一定的储血功能。

### （二）中医

中西医脾脏的概念完全不同。按中医脾脏的定义，用西医知识来理解，应该包括整个消化系统的器官。

1. 脾主运化

（1）运化水谷精微：指脾有消化饮食、吸收和运输水谷精微的功能，是化生气血的主要源泉。人体全身器官都要依靠水谷精微来维持其形体与生理功能的需要，所以称脾是后天之本。

（2）运化水湿：是指脾与肺、肾有共同维持体内水液代谢平衡的作用。

2. 脾主统血　脾统血，是指脾具有统摄血液，使之在经脉中运行而不溢于脉外的作用。

3. 脾与口唇、肌肉、四肢的关系　脾气健运，消化功能旺盛，摄取之水谷精微充足，血液丰盛，故而口唇红润，肌肉丰满，四肢轻健有力。

4. 涎为脾液，脾在志为思 涎即较清稀的唾液，乃消化器官唾液腺所生，故有涎为脾液之称。脾在志为思之说源于：脾健运、营养充足，脑工作（思）的效率就高 故有脾主思之说。反之，思虑过度也将伤脾。

5. 脾与导引养生 导引诸多静功，虽都静坐不动，但练功后消化功能常会明显改善与增强。究其原因，可从两方面理解：其一，静坐首先减少了思想活动，少思有护脾的作用；其二，静功躯体外观虽无动作，但膈肌这个主要的呼吸肌，在练静功中非但没有静止，反而增大了活动的幅度，这样，就必然推动腹腔能动的消化器官运动起来（被动运动），这就起到了促进消化的作用。

另外“行功”中的“走”，主要是四肢、肌肉的运动，有调动、活跃脾气的作用。“自控气功”中的“调息补气功”常式起式里的踏步转体功法，也有促使腹腔内脏，特别是肠胃运动的作用，所以都有很好的健脾功效。

## 四、肺

### （一）西医

肺位于胸腔内，左右各1个，分列于纵隔两侧，被密封在呈负压的胸膜腔中，下方坐在膈肌上。肺呈圆锥形，海绵状。肺内布满含气小腔称肺泡，泡壁外面满布毛细血管网，体内、外气体的交换即在此进行。肺泡借一系列的管道连通鼻腔与外界沟通。肺依赖呼吸肌的舒缩引起胸廓运动所造成的胸膜腔内压力的变化和肺自身的弹性而舒缩。肺舒张，吸入富含氧气的新鲜空气；肺收缩，呼出体内的废气。如此终生不停地进行着呼吸运动。

### （二）中医

肺居上焦，位于胸中。重三斤三两，六叶两耳，……肺者生气之源，肺叶白莹，谓为华盖，以覆诸脏。虚如蜂窠，下无透窍，吸之则满，呼之则虚，一呼一吸消息自然。

1. 肺主气 又包括两个方面。

（1）肺主呼吸之气：肺是气体交换的场所，通过肺的呼吸功能，排出浊气，吸入清气，从吐故纳新中实现人体与外界环境之间的气体交换，用以维持人体生命活动的正常进行。

（2）肺主一身之气：由于肺的呼吸作用，才会有宗气的形成。宗气是肺呼吸得来的氧气，与肠胃吸收来的水谷精微（营养物质）合成、积存于胸中，通过“肺朝百脉”布散全身，全身器官得到宗气这一物质能量基础，才会产生各自的功能，才有全身之气的体现。

2. 肺主行水 是指肺气的宣发肃降作用，可以推动和调节全身水液的输布和排泄。肺主行水主要包括两个方面。一是通过肺的宣发作用，将脾气转输至肺的水液和水谷之精中，较轻清的部分，向上、向外布散，上至头面，外达全身皮毛肌腠以濡润之。输送到皮毛、肌腠的水液还在卫气的推动与控制下化为汗液排出体外。二是通过肺气的肃降作用将脾气转输至肺的水液和水谷精微中较厚重的部分，向内向下输送到其他脏腑以濡润之，并将脏腑代谢产生的浊液（废水）下输到肾与膀胱，形成尿液排出体外。

3. 肺与皮毛、鼻及悲忧情志的关系

（1）肺与皮毛：皮毛为一身之表，包括皮肤、毫毛、汗腺等组织，是抵御外邪侵袭的屏障。肺脏通过其宣发功能把水谷精微输布到皮毛，从而滋润了周身的皮毛、肌肉，所以就会皮肤润泽，毛发光泽，肌肉坚实。将卫气宣发到体表就可以发挥抗御外邪的能力。

（2）鼻为肺之窍：肺可呼吸，肺泡通过各级气道，经喉过咽经鼻与外界相通，所以鼻是肺与外界相通的孔窍。另外鼻的通气、嗅觉功能也要依肺的正常功能（肺气和）才能正常发挥，所以二者关系密不可分。

（3）肺与悲、忧情志的关系：忧愁、悲伤对人体的主要影响是耗气，因肺主气，故忧与悲易于伤肺。反之，肺功能低下，如肺气虚时，人体对外来的不良情志刺激的耐受力下降，易于出现悲伤、忧愁的情绪（肺结核患者就常有这种典型的表现）。

4. 肺与导引养生　肺主气，司呼吸，历代导引养生家都十分重视“调息”（呼吸锻炼），将调息视为导引练功的三大基本要素之一。因为生命离不开“气”这一基本物质，人体的各个器官的活动都要有气的供养与支持，对脑、心等重要的器官，更是一时一刻都离不开氧气的供应。所以养生学家研究各种科学有效的调息方法，让修炼者获得高质量的呼吸效果，使人体脏腑器官营养充足，经络气血畅通，故而能健康长寿。

## 五、肾

### （一）西医

人体一对蚕豆形的实质器官，位于腹腔后部，分列在脊柱两侧。主要功能是制造尿液，以排泄体内代谢产生的废物和体内多余的物质（如水、盐等），以及进入体内的药物、毒物等。

### （二）中医

从肾主人体之生长发育、主骨、主水液、主生殖、主二便、生髓等功能综合来看，除泌尿之肾外，还应包含脑垂体、甲状腺、性腺（睾丸、卵巢）等内分泌腺，还有脊髓与脑等诸多器官。

1. 肾藏精　肾脏所藏之精，称为肾精，包括两个部分：①“先天之精”，其来源受之于父母，乃胚胎形成之初的原始物质。它具有促进人体生长、发育及繁殖后代的作用（类似西医所说的脑垂体、甲状腺、性腺等人体器官）。

②“后天之精”，是五脏运用水谷之精化生的各自脏腑之精，除充养自身之外，将部分输送至肾储藏，充实肾精。

肾精是化生肾气的物质基础（“肾气”指肾脏的功能活动），肾气又称肾阳。肾气支配人的生长、发育和生殖活动。人由幼年、青年、壮年、老年的生长发育过程 生理功能变化都由肾气的盛衰变化来决定。

2. 肾主水 肾主水，是指肾脏有主持与调节人体水液代谢的功能。水液在体内循行的规律是：水入于胃，由脾上输于肺，肺气肃降，则水下流而归于肾，这便是水液在体内升降的大致过程。下降于肾的水液，又分清、浊。通过肾中阳气的气化作用，使清者上升归于肺而后布散周身，浊者则输于膀胱并排出体外，如此循环，来维持人体水液的平衡。

3. 肾与骨、髓、二阴、发、耳、唾及神志惊、恐的关系

（1）肾与骨、髓：肾有促进骨骼生长发育和滋生骨髓、脑髓的作用，故有“肾主骨生髓”之说。

（2）肾与二阴：前阴指尿道、生殖器，后阴指肛门。人排解大、小便与生殖活动都要靠肾的气化作用才能正常进行，所以称肾主二阴。

（3）肾与耳和毛发：耳必须靠肾精的充养，才会有正常的听觉功能，所以二者关系密切。发的营养源于血，故称“发为血之余”。但发的生机在肾，因为肾藏精，精能化血，所以精充则血旺，血旺则发自然生机勃勃。

（4）肾与惊、恐：肾居下焦，肾精化生肾气，必须通过中、上二焦，才能布散全身。《素问·举痛论》说：“恐则气下，……惊则气乱。”由于惊恐阻扼，打乱了肾气通行的道路，所以易于伤肾。

（5）肾与唾：唾，指唾液中较稠厚的部分，由肾精化生，经肾气的推动从肾经至舌的支脉抵舌下，自金津玉液二穴泌出。故《素问·宣明五气篇》说：“五脏化液……肾为唾。”

4. 肾与导引养生 肾是一个十分重要的脏器，其所藏之肾精不仅可以化生气血，还是产生肾阴、肾阳的物质基础。肾阳乃人体阳气的根本，对各脏腑组织起温煦、生化作用。肾阴，又是人体阴液之根本，有濡养、滋养全身脏腑的作用。肾的功能关乎人的产生、生长、发育等多种功能，所以养生家十分重视对肾的调护。如导引功法《人体生命再生工程》中“强肾法”即根据《素问·脉要精微论篇》中提出的“腰者肾之府，转摇不能，肾将惫矣”的理论，在功法中以和缓旋转腰部和在行功中柔和地屈伸腰椎来起到养肾、壮肾的目的。

自我按摩式的导引法，采取按摩肾俞、涌泉穴的操作也是为健肾而设的。

另外，唾是由肾精化生的，所以咽而不吐，就有回补肾精作用，所以，导引养生家提倡用咽津的方法来养肾精。如程钟龄在《医学心悟》中讲：“咽口

津是以真水补真阴，……是治阴虚的无上妙方。其效果超过六味地黄丸等药。”

## 第五节　经络与导引养生

### 一、经络学是导引疗法的重要理论基础

经络学是中医临床各科重要的理论基础，导引疗法当然也不例外。经络是人体气、血、津液运行的通路。由于经络的沟通和联系，将人体所有的内脏器官、孔窍、皮毛、筋肉、骨骼等紧密地连接成一个统一的整体。经络学包含的内容非常丰富，有十二正经、奇经八脉、十五络脉、十二经别、十二经筋和十二皮部等。它通达表里，贯彻上下，在人体内无处不到，作用广泛。正如《灵枢·本脏》指出：“经脉者，所以行血气而营阴阳，濡筋骨，利关节者也。”这就是说，人体的五脏六腑、四肢百骸、筋肉、骨骼、皮毛之得以营养、生长，气血之得以循环，阴阳之得以平秘，均有赖于经络的正常作用。

鉴于当今经络知识已十分普及，参考资料丰富易得，所以，具体的经络知识，在这里就不再重复介绍了。

### 二、经络学在导引练功中的应用与联系

中医学者认为，经络学的发现与发展，可能与气功实践有关。因为通过练功，可以充实、加强元气，作为元气最活跃部分的经气，在经络中的循行得到了增强，显得更加活泼有力，故而被练功者感知。尤其在躯体放松、气息深柔、凝神内视时，体内经络等内景更易被察觉。依此推论，是导引与针灸学相结合才发现了完整的经络系统。明代李时珍就明确地提出了这一观点。如他在《奇经八脉考》中讲：“内景隧道，惟返观者能照察之。”再如，余纯在其《针灸指南》一书中也提出：“学习针灸者，必先自愿练习静坐功法，则人体经脉之流行及气化之开阖，始有确实依据，然后循经取穴，心目洞明，否则无法可以证实。”由以上可以看出气功与经络两者的关系是多么密切。

导引治疗中，常用意守穴位的方法，如让高血压患者意守大敦或涌泉，引气下行，起到降压的作用。反之，对低血压者令其意守印堂、百会，就可起到升压的效果。以意导气的学说，见于宋代。张锐在其《鸡峰普济方》中已有描述：“意者气之使，意有所到，则气到。”

导引修炼中的“三调”，均有疏通经络、增进健康的作用。在“调心”锻炼中，借助意念有推动经气循行作用（所谓“意到气到”）的这一原理，常采取从某经起点依序想到终点或者如此循环往复进行的方法，以达到疏通该条经

络和促进该经气运行，进而产生调畅气血、增进健康的目的。“调息”锻炼时，深长有力地呼吸，必将促进经络中气血的运行。如果配合意念进行，将更增大其作用。如“周天功”中：一吸，气沿任脉下行；一呼，气沿督脉上行。如此反复行之，可使任、督二脉的经气畅行无阻。任督乃阴、阳经脉的总干，所以此二脉通，百脉皆通。“调身”乃用躯体导引之法来通经活络。如“自控气功”中，借上肢开合导引动作中“转手腕”的动作，来疏导手三阴、手三阳经。用“跷足”“转踝”的动作来疏导足三阴、足三阳、阴跷、阳跷及阳维等脉。

通过上面的介绍，我们知道，导引健身功是运用经络学知识，通过导引锻炼来疏通经络、调畅气血、调理脏腑来实现养生医疗目的的。

# 第三章　导引健身功的现代医学研究

经本人筛选，现将一些资料可信、结论明确、有实用价值的对导引健身功的现代医学研究资料，做一简要的介绍。

## 第一节　导引锻炼对神经系统作用的研究

### 一、导引对中枢神经系统作用的研究

导引锻炼是在意识主导下进行的，“调心”是导引修炼的基本手段、“三调”中的核心，思想“入静”又是调心锻炼的基本内容。用脑电图观察“入静”状态时发现，当练功入静时，脑电图出现抑制性的 α 波波幅增高，节律减慢，往往还会出现 θ 波及 α 波协调同步性增高。这些现象均说明，入静时大脑皮层的功能表现为抑制过程增强，但这种抑制过程又不同于自然睡眠或药物睡眠的抑制，它是通过主动性的自我锻炼获得的。依靠这种抑制过程的保护，可使大脑皮层由于过度兴奋所致的功能紊乱得到纠正。有些疾病，如高血压、神经衰弱等的发生，往往与持续的精神紧张有关，导引对这些病有较好的医疗效果，就可能与大脑皮层出现的抑制性保护作用有关。

### 二、导引对自主神经系统的作用

自主神经系统包括交感神经与副交感神经两个部分，在人体健康状态时，它们的功能保持相对的平衡，如果两部分功能失去了平衡，人体就处在了病理状态。平时，当交感神经兴奋性占优势时，就表现为血压升高、心率增快、胃肠蠕动减弱等；当副交感神经兴奋占优势时，就表现为血压下降、心率减慢、胃肠蠕动增强等。练功实践证明，呼吸能引起自主神经系统的功能改变，在延长并加强呼气时，会引起血管扩张、血压下降、心率变慢、胃肠蠕动增强；在延长和加强吸气时，则血管收缩、血压上升、心率加快、胃肠蠕动变慢，这些变化证明导引练功通过调息这一呼吸锻炼，对自主神经系统具有调整的作用。

### 三、导引锻炼对神经递质的影响

有研究报道，导引练功时，中枢神经系统5－羟色胺（5－HT）含量上升，多巴胺的含量下降。如果坚持经常性的导引练功，可使体内5－HT的生成比正常人提高2～3倍。5－HT对大脑的神经活动具有抑制和稳定性的作用，练功促使5－HT增多，功能增强，就会促使大脑得到充分的休息、放松，会提高睡眠的质量（入睡加快、质量改善）。

医学研究发现，人脑内多巴胺含量异常增多是发生帕金森病及嗜眠症的重要病理因素，而导引练功本身就引起多巴胺含量下降，再加上练功促使5－HT生成增多，5－HT又有一定的抑制多巴胺的作用，所以导引练功将是预防和治疗帕金森病与嗜眠症等疾病的有效方法。

研究还发现，导引练功有促进人体释放脑啡肽的作用；脑啡肽可让人产生舒适、愉快的感觉，还有镇静、镇痛的效果。脑啡肽还有提高大脑内核糖核酸等物质的生物活性的作用，所以能增强大脑的功能，开发人的智力。

## 第二节　导引锻炼对呼吸系统作用的研究

导引锻炼的基本形式“三调”中的“调息”，本身就是呼吸运动及对呼吸的调控，所以对呼吸系统本身就有直接的作用与影响，进而对全身也有着广泛的影响，现摘要简述如下。

### 一、对呼吸频率、节律、深度的影响

导引练功（尤为静功）通常在调息时都追求“慢、细、匀、长”的呼吸，于是就出现呼吸周期变长、节律变慢、幅度增大、呼吸均匀柔细的特点。正常成年人平静时的呼吸频率为每分钟12～18次，在导引练功时可减少到8～9次，甚而3～4次，功夫高深者甚至会慢到惊人的程度。不练功的一般人，呼吸慢到一定程度，持续一段时间后就会引起憋气不适。练功有素者呼吸虽然很慢，又很细，却不出现呼吸紧迫、憋气，主要是导引练功可使人的代谢水平、机体耗氧量显著降低的缘故。

### 二、由于呼吸肌运动产生的影响

解剖生理学的知识告诉我们，人体肺脏之所以能进行呼吸，是靠呼吸肌运动，使胸廓产生舒张、收缩运动，借此改变胸膜腔内压来牵动肺脏舒缩而进行呼吸的。呼吸肌中，特别是膈肌的作用尤为重要。研究证明，练功时（特别是

静功）膈肌上下移动的幅度可比平时增大3～4倍。这种运动，除导致肺运动之外，还推动了胸、腹腔其他脏器的活动（不同脏器能动的程度不同）。能动脏器的运动，对邻近的其他器官和组织能产生良好的按摩作用，还会促进体腔的血液循环，由此而产生的作用可能还有很多，而且意义重大。

### 三、导引锻炼对呼吸器官、呼吸道的影响

很多试验证实，经较长时间导引锻炼，肺的容量和呼吸功能都会有明显的提高，呼吸道的通气功能也会明显地得到改善。

有临床实验资料证明，硅肺这种严重损伤肺功能的病症，通过练功治疗，居然能取得肺呼吸功能明显改善及生活质量显著提高的效果。

## 第三节　导引锻炼对消化系统作用的研究

### 一、通过膈肌运动来促进消化功能

导引中的调息锻炼，加大了膈肌活动的幅度，从而推动肠胃运动，起到了增进机械消化的作用。膈肌运动对肠、胃，对肝、胆、胰等消化腺产生按摩样作用，这必然会促进这些器官、腺体的分泌，相关消化液的分泌增强，自然就提高了化学消化的作用。

### 二、通过改善神经系统的功能来调节消化功能

消化系统的生理活动，除受自主神经的控制之外，还受大脑皮层的调节。在生活中，人们都能体会到情绪对胃肠功能有着明显的影响，而导引中的调心，就可以使人情绪得到很好的平衡，对肠胃活动起到良性促进作用。还可以借助呼或吸的不同侧重来调交感、副交感神经的功能，从而使肠胃消化活动增强或减弱。

另外，长期导引修炼后，自主神经的交感神经与副交感神经两个体系的功能更为协调，大脑对皮层下中枢的调节指挥能力更为改善与提高，所以对消化系统的调节也更得力，而且这种调节还具有双向效应的特点。例如，当胃肠功能低下时，通过练功、借助X线观察，可以看到胃肠蠕动波幅度变大、节律加快、肌张力增高、胃肠排空加速等变化；但当胃肠蠕动过于亢强时，通过练功，则可产生抑制性的调节。

### 三、导引练功对消化液质量的影响

实验证明导引练功时和练功后，唾液、胃液等消化液不但分泌量增加，而

且成分也有改变，如胃液的游离酸含量增加，胃蛋白酶含量及唾液淀粉酶的含量也有明显增多。

临床观察中发现，肺结核患者的唾液中唾液淀粉酶的含量较正常人低，但经气功锻炼后，其唾液淀粉酶含量及活性均增高，并出现食欲转佳、营养改善等临床效果。

1979 年，云南省人体科学研究所的王伽林，会同另外 5 名自愿者，在自己身上进行了导引练功对胆汁分泌功能影响的实验研究。方法是，手术摘除胆囊，用 T 形管把肝脏分泌的胆汁引出体外，进行观察与检测。对比受试者练功与不练功两种状态下胆汁分泌的量与质的变化。实验结果：休息状态下每小时平均分泌胆汁 14.3～21 mL；练功时每小时分泌胆汁 54.3 mL。即练功状态下胆汁分泌平均比休息状态下增加 2.5～3.8 倍，即使初学练功者亦可看到胆汁分泌量有明显的增加。同时还发现胆汁的生化成分，如胆红质、胆固醇的浓度也随之升高。这些实验资料都为导引锻炼能提高人的消化功能提供明确的科学根据。

## 第四节　导引锻炼对心血管系统作用的研究

### 一、导引锻炼对血压的作用

近 50 多年来，国内很多专业人士（包括作者本人在内）都对导引练功用于调整血压的问题进行了大量的临床观察和实验研究。观察和实验的资料证明，通过导引练功可对血压产生双向性的调节作用，即原来血压高的可降，低者可升，使之恢复正常。而且几乎所有的导引功法都具有这样的作用。其中报道较多的功法有：放松功、松静功、自控气功、人体生命再生工程、真气运行法、六字诀等。

导引调整血压，还与调心时意守的部位有关。如意守下丹田或涌泉穴时血压下降；意守鼻尖或百会穴时血压上升。

### 二、导引锻炼对周围血管的作用

经研究发现，导引练功对周围血管有如下作用：①使血管的通透性增加；②皮肤等周围血管舒张；③甲皱皮肤微循环中，正常管襻比例增加，异形管襻数明显减少。

### 三、导引练功对心率的作用

正常人，练功入静后心率呈减慢趋势。在病理状态下，导引练功对心率有双向调节作用。研究报道，心脏神经官能症及阵发性室上性心动过速患者，练功后心率从 180～200 次/min 降至 70～80 次/min，窦性心动过速逐渐恢复至正常心率，而窦性心率过缓者，通过练功心率可以增快至正常生理速率。

### 四、导引练功对心律的调整作用

导引练功对心律紊乱具有明显的调节作用，可以使紊乱的心律得到纠正。

### 五、导引练功对血液的影响

1989 年有研究报道，30 例高血压患者练功 6 个月后，血清甘油三酯与胆固醇均明显下降，高密度脂蛋白上升，而 30 例对照组基本无变化。同年另有报道，100 例高血压患者，经过动、静结合的练功之后，血黏度与血小板聚集性均明显下降，从而证明导引练功确有活血化瘀的作用。

## 第五节　导引锻炼对人体免疫功能的影响

1988 年杨运良等报道，他们通过对 32 名大学生修炼静功来观察其免疫功能的变化。经过采取静功修炼，每天练功 3 次，第 1 个月每次练 20 min，以后增至 60 min，经 90 天修炼后，用放射免疫分析法 RIA 检测练功前后血中免疫球蛋白（IgG）含量变化，其结果是：练功前 8.30 g/L ± 3.37 g/L；练功后 12.09 g/L ± 5.20 g/L（$P < 0.01$）。从上面可以看出，练功后血清中重要的免疫物质 IgG 明显增加，而且练功前后差异显著。

多种研究还证实，导引练功可使人的白细胞总数增加，使粒细胞的吞噬活力加强，吞噬指数升高，自然杀伤细胞活性增强，干扰素水平升高，唾液中溶菌酶活力增强。

还可见到，通常癌症患者做放疗、化疗时白细胞总数会严重的下降，患者常被迫终止治疗，但如坚持导引练功，白细胞可以不减，或减少轻微。

以上均说明，导引练功有增强人体免疫功能的作用，也即中医说的练功有扶助“正气”“扶正祛邪”的功能，故而坚持练功的人，很少得病，健康水平明显高于常人。

## 第六节　导引锻炼的抗衰老作用

衰老是一种不可避免的生物学过程，它既是生理的必然，又与疾病有密切的关系。如何积极地给予干预，以求延缓它的进程，是人们长期探索的重要课题。古今实践已经证明，导引练功就是一种良好的干预手段，今将这方面的资料简介如下。

## 一、从基本原理来讲

导引修炼注重“三调”，“调心”功中的“意守气海”就是十分常用的一种方法。中医认为“气海”乃生气之源，真气即由此而生。所以意守此穴，有培补元气的作用。练功还主张“意守命门”，“命门”乃先天元精所藏之处，故意守命门可使肾中元精充盛。精可化气，元精充盛元气自然也会充足。

练功可以疏通经络，活跃气血。所以，练功之后全身温暖，面色红润光泽。

种种“调息”“调身”方面的修炼都具有强肺、健脾、和胃的功效。所以，长期练功，肺气充盛、卫气巩固、外邪难以来侵，脾胃调和，后天巩固、强盛，五谷精微可以更好地充养全身、濡养脏腑及四肢百骸，身体自然强健，寿命岂能不长。

## 二、古今实例

导引养生者多能长寿，古今不乏其人。

1. 彭祖　原姓篯（jiān 尖），名铿（kēng 坑）。

夏代人，高寿。其所以高寿，得益于精通导引行气。据东汉班固《汉书·古今人表》记述，篯铿乃轩辕黄帝第八代子孙，殷代封于大彭（今江苏徐州）改称彭铿，人敬称为彭祖，乃古代著名养生家，中国高寿的代表人物。

2. 葛洪　晋代医家，道教理论家，炼丹家。

葛氏认为“导引有疗未患之疾（防病），通不和之气（治病）”和延年益寿（养生）等作用。在其所著《抱朴子·卷六微旨》中讲：“明吐纳之道者，则日唯行气可以延年矣，知屈伸之法者，则日唯导引可以难老矣。”由于他坚持导引修炼，虽然生活在不良的战乱年代，生活也不优裕，却活至 81 岁，在那样的条件下，也算高寿。

3. 孙思邈　唐代著名医家，道教学者。著《备急千金要方》《摄养论》《存神炼气铭》《保生铭》等多部著作，各书中都有丰富的导引练功治疗的内容。孙氏特别重视调息法，他说“人若气息得理，即百病不生”。他还整理了来自印度的“天竺国按摩法”“调气法”，并且坚持日常练功，所以活了 101 岁。

4. 肩道成　河南省驻马店市泌阳县人，中药栽培厂工人，修炼道家功。1982 年参加河南省气功学术座谈会时 104 岁，仍耳不聋，眼不花，行走稳健快捷，上下三层楼不用搀扶，血压 120/80 mmHg，身体健康。

## 三、科学研究之佐证

据上海高血压病研究所王崇行等 1988 年报道，自 1958 年以后，该所对导引练功抗衰老的问题，进行了长期的研究。资料表明，随年龄增长，机体老化，老年病发生、发展。同时，老年病又会加速衰老的过程，这样就形成了一个恶性循环。所以，防治老年病与抗衰老同等重要。现将这方面的研究成果摘要介绍如下。

**（一）对常见老年病——高血压的研究**

204 例高血压患者，随机分为气功组（气功加小量降压药，$N=104$）和对照组（仅服小量降压药，$N=100$）。两组情况相近，有可比性，经 20 年随访其结果为：①降压有效率气功组为 85.00% ~ 90.2%，对照组为 66.67% ~ 69.00%（$P<0.05\sim0.001$）。②死亡率，气功组为 17.31%，对照组为 32.00%；脑卒中死亡率，气功组为 11.54%，对照组为 23.00%（$P<0.05\sim0.001$）。③20 年随访中对照组血压逐年上升，而气功组基本稳定，且冠心病、糖尿病等合并存在的其他老年病和衰老征象同时得到改善。以上结果表明气功是防治多种老年病和延缓衰老的有效方法。

**（二）对性激素的影响及其意义**

性激素异常是疾病和衰老的重要原因，实验发现：①70 例中老年男性高血压患者中，血浆雌二醇（$E_2$）和雌二醇/睾酮（T）均较正常人明显增高，睾酮降低。将 70 例患者随机分为气功组（$N=42$）和对照组（$N=28$），经分组对照观察发现：气功组治疗一年后血浆 $E_2$ 浓度和 $E_2$/T 均明显降低，睾酮浓度上升，而对照组则无明显改变。②22 例绝经期女性高血压患者，原来血浆 $E_2$ 和 T 均呈低下状态，经气功治疗后，原降低的血浆 $E_2$ 和 T 水平均出现上升。

以上提示，虽两性性激素改变的模式不同，但气功对两性因年老而出现的性激素异常变化都有纠正作用，这也是气功具有延缓衰老作用的一个客观佐证。

# 第四章　导引健身功的基本修炼方法
## ——“三调”

导引健身功中的“导引”二字，不妨理解为科学合理的“引导”和“指导”。其内容主要包括三个方面，通称其为“三调”。即：思想意识方面的引导，术语称调心；呼吸运动的引导，术语称调息；还有躯体姿态、动作方面的引导，术语称调身（亦称“炼形”）。以上三个方面要全面、综合地进行修炼，不可有所偏废。另外还要对工作、学习，饮食起居，个人爱好，生活习惯等方面进行科学、合理的引导。

## 第一节　调　身

调身亦称炼形，又可分为姿势的修炼和动作的修炼两种类型。

### 一、姿势的修炼

姿势的修炼即指躯体静态地进行修炼。它要求选择一种科学合理、有益健康的姿势进行修炼。

**（一）姿势类别**

1. 站式　亦称“桩功”。有自然桩、三圆式、探马式、伏虎式、剑指桩等。

2. 坐式　有垂腿坐、盘膝坐、跪坐等。

3. 卧式　分仰卧、侧卧。

**（二）对身体各部的规范要求**

对身体各部分的规范要求以最基本的站式为例。

1. 头颈　放松，但要端正。双目微闭或全闭。口唇轻闭，舌抵上腭。面部表情要舒缓、安详、喜悦。

2. 上肢　沉肩、坠肘、松腕、虚腋。

3. 躯干　含胸、收腹、提肛。

4. 下肢　两足平行开立，与肩同宽，髋、膝两关节微屈，五趾抓地。

## 二、动作的修炼

动作的修炼是躯体的动态锻炼形式，主要是选择一些有健身医疗作用的动作进行操练。

**（一）类型**

动作修炼的类型有舞蹈式、仿生式、行走式、武术式等。

**（二）导引动作的规范要求**

导引动作不同于一般的运动，遵照传统的规定，本人在教学中将其归纳成八个字，取名为“导引动作的八字准则”。即：缓慢（指动作速度要缓慢）；柔和（用最小的力去完成动作，有利于经络、气血的畅通）；连贯（指动作需匀速、连续地进行）；协调（复杂动作时，身体各部要互相配合、相互照应）。

# 第二节　调　息

调息亦称“炼气”，即通过选择某种良好的呼吸方法进行锻炼，使之产生强身、医疗作用。

## 一、调息的作用与意义

（1）高质量地完成吐故纳新这一呼吸的主要任务。

（2）呼吸锻炼，有调节自主神经功能的重要作用。上海林雅谷教授的一项科研证实，凡注重吸气运动，会引起交感神经中枢活动增强；凡注重呼气运动，就会引起副交感神经中枢活动增强。这对指导导引临床有重要意义。

（3）通过呼吸运动还可以产生如下重要作用：

1）促使胸、腹、盆腔的器官产生不同程度的被动运动，有促进相关器官功能的作用。

2）有改善或促进血液循环的作用。

3）有促进某些腺体（内、外分泌腺）分泌、排泄的作用，生理意义重大。

## 二、提倡的调息方法

（1）自然呼吸法。

（2）顺式腹式呼吸法。

# 第三节　调　心

调心，亦称“炼神”，这里讲的调心，是指主神明的心。是对思想意识（主要是指中枢神经，尤其是大脑皮质）的调控。

调心是通过一些方法，引导自己的思想意识活动宁静下来，给君主器官心创造一个良性的环境，让它得以休养生息，从而恢复并促进其健康。心健康了，自然对其下属诸器官的调理作用也随之加强，从而起到医病强身的效果。由于它的作用重大，所以，调心是三调中的重点和核心。

常用的调心方法有以下几种。

## 一、放松法

1. 按部位放松法　头部松—颈部松—两肩部松—两上臂松—两前臂松—两手部放松—胸部松—腹部松—盆部松—两髋部松—两大腿松、两小腿松—两足松。

2. 三线放松法

（1）前中线：百会—面部中线—颈中线—胸、腹中线—大腿前中线—小腿前中线—足背中线—足前端绕至足底涌泉穴。

（2）后中线：百会—背、腰、臀中线—大腿后面中线—小腿后面中线—足底涌泉穴。

（3）侧线：百会—头颈两侧中线—肩、上肢外侧中线—前臂外侧中线—手外侧中线—下肢外侧中线—足外侧缘—足底涌泉穴。

## 二、默念字句法

默念字句法可按照修炼者不同的体质或病情来设定适宜的字句。而后，教修炼者进行调心训练。如为高血压患者设定的方案：

吸气（默念“松静”）→呼气（默念“降压”）

## 三、数息法

数息法指用默数呼吸次数的方法来控制自己的思想活动。

## 四、良性意念法

良性意念法是指动态地去想一件美好的事情。如轻松地回忆自己游泰山、游桂林的过程。

## 五、意守法（静止地想）

意守法又分两类。

（1）意守外景法：如闭目去想庭院内那一盆盛开的菊花；或闭眼去想挂在墙壁上的一幅自己最喜爱的图画。

（2）意守内景法：如闭眼长时间地想着足底的涌泉穴，有降压作用；闭眼长时间地想着小腹的关元穴，有培补元气的作用。

# 第五章 导引健身功的特点

## 第一节 导引健身功是强调内因的整体疗法

导引健身功主要是通过“三调”来达到安神定志、疏通经络、活跃气血、调理脏腑、补益正气来强身治病的，所以它是一种泛治法，而非针对某种疾病的特异疗法。

人体致病因素是多方面的，中医将之概括为三个方面，即七情所伤为内因；六淫邪气的侵犯为外因；饮食劳倦，跌仆金刃与虫兽所伤等为不内外因。其中除意外伤害外，六淫侵犯、七情所伤、饮食劳倦等都还有一个不可忽视的自身因素，即体虚或称正气不足的问题。人因卫气虚，才会有抗御外邪的能力不足；因为正气虚，脏腑精气虚衰，对情志刺激的适应和调节能力才会低下；因为脾气虚，才会容易为饮食所伤，所以正气虚弱是疾病产生的根本原因。而且疾病的发展、变化、预后、转归都与它有着密切的关系。所以防病、治病从扶助正气入手，是十分关键的考虑。导引疗法就是从扶助正气、疏通经络、调理脏腑整体入手的自然疗法。经过一段导引修炼之后，人们多会出现食欲逐步增进、睡眠逐渐改善、体力步步增长、精力日益充沛等变化，这正是人体正气逐渐得到培补、旺盛起来的客观反映。

导引疗法对内因“七情”所致疾病的防治尤为擅长。这类疾病虽多伤及相关脏腑，但主要是影响它们的功能，使脏腑气机失调，功能紊乱。祖国医学认为，心为五脏六腑之大主，主明则下安。导引疗法的调心法，首先就要求不断地排除杂念，息心宁神，心神得养之后，健康水平改善、功能提高，转而就可以发挥由心去调理功能紊乱的脏腑的作用。这也与现代医学中大脑皮层自我抑制后，就会有助于调节和恢复“脑—内脏”间正常功能的作用是一致的。

当然，强调内因与整体的同时，我们也不能忽视外部与局部病因的防治。

另外，导引疗法更不排斥综合治疗。采用导引疗法治病时，还要清醒地认识到，导引疗法从开始治疗到产生效果需要经历一个过程，对病情紧急者应当首先建议患者采用适合其病情需要的药物、针灸甚至手术治疗，否则会贻误病情。在导引治疗的过程中，同样也可以根据需要配合推拿、食疗等进行综合治疗。

## 第二节　导引疗法是强调自身修炼的自然疗法

导引疗法的精髓是自我思想意识的调控与锻炼，再加上气息与躯体的锻炼。这些都是在自身内部完成的，所以，它不可能依靠别人。因此，学术界认为借助外力者，就不是真正正统的导引疗法。我们将这种靠自身修炼的自我疗法，定为导引疗法的第二大特点。

选用导引疗法，首先要选好功法、学好功法，还要有正确的指导思想。

### 一、选好功法、学好功法

因为它是一种疗法，所以事先需要由懂得导引治疗的专业医师或老师，根据修炼者个人的体质、病情来选择合适的导引方法，并在专业医师或教师的指导下学会正确的操练与使用，以后就可以自行修炼了。

导引疗法不仅有思想意识和呼吸的修炼内容，更有严格的动作操作，这些内容很难用文字表述清楚。所以，最好在专业老师的亲自指导下，以便正确地掌握。导引书籍与音像资料除作为一般了解外，最主要是用来复习、巩固之用。

### 二、正确的指导思想

导引疗法是我国古代医学先贤创造并长期验证过的科学有效的优秀疗法。所以我们使用它防病、治病、强身延年，应有充分的信心。

当人们长期患病之后，往往会产生消极、急躁情绪，这对疾病的治疗极为不利。所以我们首先要树立和培养自己与疾病做斗争的勇气和信心。相信通过积极的导引练功，病情会一步步减轻，并最终重获健康。

要把导引练功作为日常生活中的重要任务来对待，并要坚持不懈、高质量地完成，充分发挥个人的主观能动性，这是修炼成功、获得良好效果的重要保证。

疾病，尤其是慢性病的治疗，决不是一朝一夕就可以解决的，它需要有一个过程，导引治疗也不能例外，同样不能急躁。导引练功是一种功夫，功夫的掌握也要有一个过程，然后才会发挥它巨大的作用。鉴于此，切不可有“追求快速”“寻求捷径”“贪图安逸、省力”，甚或寻求“神功异能”等错误思想。否则，必将欲速不达，甚而导致不良的后果。

# 第六章　导引健身功的练功要领与练功注意事项

中国导引健身功中功法种类繁多，经前人精心研究，总结出了各种功法都必须遵循的基本准则与要求，这就是“练功要领”与“练功注意事项”。按照这些准则和要求去做，可以正确、迅速地掌握功法，提高练功质量，并防止不良反应与气功偏差的发生。

## 第一节　导引健身功的练功要领

### 一、松静自然

1 放松

（1）外松：指躯体、呼吸要放松。

（2）内松：指思想、意识的放松。

2. 入静　要求练功时要减少杂念、思想宁静。

3. 自然　在练功时要求一切顺乎自然。动作姿势要轻缓、柔和、不做作；呼吸要慢、细、匀长。意念要似有似无。

### 二、意气适度

意：指练功中意念的运用。

气：指呼吸之气或练功中的“内气”感觉。

关键在于防止两种偏向。

1. 过分地以意领气　这里的气指呼吸之气。常见的错误做法是：①为达到慢、细、匀、长的呼吸要求而拼命拉长呼吸；②为追求腹式呼吸的深度，故意使劲地鼓肚子，等等。

2. 意被气所虏　这里说的气是指感觉之气，或称“气感”。如练功中沉溺于因练功产生的酸、麻、热、胀、欣快感中，长久不愿脱离这种状态。

总之，意气二者要不偏、不倚，尤其是意的运用与掌握，既不要过分用意去驱使气，也不可放弃意的主导作用，甚而被气感干扰、俘虏！

## 三、动静结合

含义有二：①指动功、静功应兼而练之，不可有所偏废。②指练功时，要体现“动中求静”与“静中有动”的原则。

## 四、火候适度

火侯适度包括四个方面：

1. 调身中，“力”的运用强度　宜用最小的力去完成功法中要求的姿势或动作。故有练功“用意不用力”之说。

2. 调息中，“呼吸”的强度要适中　要逐渐地达到慢、细、匀、长的要求。

3. 调心时，“意念”的运用也要适度　古人用意的诀窍是“似守非守”“绵绵若存”。

4. 练功的时间长短也要适当　通常情况下，为保健而练功者，每日练功应不少于1 h；作为治病应不少于3 h。火候适中的标准是，以练功后自觉精力充沛，身体舒适，不觉困倦、疲劳为适度。

## 五、练养相兼

练养相兼有三个方面的含义。

（1）功法操作是练，功后养气为养，练养均不可偏废。

（2）动功为练，静功为养。必须动静兼顾。

（3）练功是练，生活调理为养。二者必须互相配合，不可忽视任何一方。生活中要求劳逸结合，生活规律。合理营养，饮食有节。要睡眠充足，思想开朗，情绪乐观，注重道德涵养。保持环境清雅，戒除不良嗜好。

## 六、循疗渐进、持之以恒

### （一）循序渐进

1. 修炼内容　应由浅而深，由简到繁。

2. 时间　要由少到多，由短渐长。

3. 三调顺序　调身→调息→调心。

总的原则是，既要积极进取，又要遵循客观规律办事。还应根据每人的领悟接受能力、体质和病情做相应的安排。

### （二）持之以恒

导引健身功，是靠练功产生医疗保健作用，练一分功，就会产生一分的力量，所以它的作用的产生，需要有一个过程，要想巩固、提高更必须下恒心坚持才会获得成功。

## 第二节　导引健身功的练功注意事项

导引健身功的注意事项可分练功前、练功中和练功后三个时段来谈。

### 一、练功前注意事项

（1）做好工作、生活的安排，防止练功中受到干扰，更不许有惊扰。

（2）要稳定情绪。

（3）选择好练功的场地与环境：宜选择清静卫生、光线柔和、温度适宜、地面平整、空气流通的地方。如能有青山流水及花草、树木茂盛之处则更好。

（4）注意练功不宜过饥、过饱。练功前不宜做剧烈运动，必要时应排解大、小便。

（5）要选择合适的坐卧工具，如高矮适中、平面的大方凳、木板床等。要求穿着宽松、柔软的衣服，柔软、平底的鞋等。

### 二、练功中注意事项

（1）要保持平静的心态，不可有过多的情志活动。

（2）呼吸应轻柔自然。

（3）既要保持正确、良好的练功姿势，又不要过于拘泥这个姿势，以舒适自然为好。

（4）意念要轻柔。练功中产生特殊的感觉或出现问题时，应及时请教老师。

（5）遇到惊动，不要紧张，要泰然处之。

（6）凡遇到大风、大雾、闪电雷鸣的天气不要练功。

### 三、练功后注意事项

（1）每次练功之后，一定要收好功。练静功之后可再做几节保健功或动功；练动功之后，可稍做散步活动。

（2）练功中出汗，不可吹风，也不能洗冷水澡（洗热水浴可以）。

（3）练功后不可马上进行剧烈活动。

# 第七章　导引健身功修炼中常见的练功效应和易出现的偏差

练功到一定程度时，可出现某些练功所特有的效应。一般只要正确地领会练功要领，遵守注意事项，循序渐进地锻炼，所出现的效应多半都会是正常的效应。

## 第一节　导引健身功修炼中常见的练功效应

1. 腰骶、小腹或四肢发热　意守气海穴、关元穴时，小腹常有温热感产生；意守命门穴，腰骶部常有温热出现，或是温水浸泡样的感觉。四肢温热感以手脚最明显。而且练功者感觉舒适，若热甚时，可配合长呼气或将意念活动稍作分散，热即可减轻。

2. 身出微汗　无论是练静功或是动功，都可有微汗的现象，但不宜过多，应以‘体透微汗”为度，忌大汗，汗后不可当风着凉。

3. 口水增多　可自然咽下。

4. 胃肠蠕动加快，食欲增进　尤以意守“脐中”“气海”“关元”时，改善食欲的效果更为明显。

5. 睡眠加深。

6. 皮肤发痒　如虫爬感，练功家认为这是“气机”初步通达的一种象征。

7. 肌肉微动，骨节作响　这些现象与练功的功法和进度有关，与精气是否充足有关，练功家一般认为这种现象是体内“气机”进一步旺盛和活跃的象征，在四肢远端、腰骶部或项背部出现，不必惊异，可将注意力稍微分散一下即可。

8. 其他　头脑清晰、精力充沛及各种轻松舒适的感觉。

这些效应，并不是每个练功者都会出现，它的出现是以练功者的内部条件为基础的（人体在练功时的功能活动状态）。因此，当其没有出现时就不能急于追求；在其出现后又不能过多注意；否则，就违反了练功“贵乎自然”的要求。

## 二、练功中的异常反应

在练功过程中，也可能由于心情急躁或练功不得要领出现某些异常效应。主要有：

1. 头昏、头沉、头涨、头痛　主要是由于练功时精神紧张，意念活动过重。意守过紧，自我强迫入静，同时考虑练功要求过多，顾此失彼，以致全身不能放松所引起的。除去以上原因便可消除不良反应，也可配合长呼气帮助消除。

2. 呼吸气促、憋气、气闷　主要由于过分注意呼吸，上体姿势未能放松，强行“停闭呼吸”，过急地追求深长呼吸，从而妨碍呼吸的自然进行而引起的，除去上述原因后便可消除。

3. 气从小腹上冲感　练功过程中有时可能感到气从小腹上冲。多半因气沉不稳的缘故，气沉不稳又往往是由于意念活动不能稳定而引起的。要消除及防止上述现象的发生，首先要把意念活动稳定下来，即意守要稳而不要过紧，精神要放松而不能紧张。如果做不到这点，可采取对呼吸完全听其自然的办法。

4. 身体下沉感及两肩重压感　多半是由于从上往下放松，或以意领气下降时，意念活动过重，或意气结合得不自然、不协调引起的。下沉感，可将意念活动放松些即可缓解；肩有重压感时可进行肩部放松的意念活动，或将肩部缓缓地旋转几次即可。有时有下沉感，也是因为体内“气机”的变化而出现的，此属于正常。

5. 口干、喉痒感　可于练功前喝些温开水。

6. 心跳加快　多数是精神过于紧张，胸部没有很好放松，或是呼吸不自然所致。消除上述原因，并暂时不注意呼吸锻炼，可得以缓解并消除这种现象。

7. 暂时失眠或昏沉欲睡　前者是由于练功后引起的精神过度兴奋，后者是练功时过于疲劳所致。

此外，在练功时可能出现“身体摇动”的现象，若仅是感觉，形体未动，这说明是气机在发生变化；有的人也可能出现体动，但静功一般均不要求动，故可稍睁睁眼，并自我暗示“放松一些，免致身体摇动”，可逐渐消除这种现象。

需要特别指出的是，上述异常效应并不是在每一个练功者身上都一定出现的，它只是在不符合某些练功要领的情况下锻炼时，才可能出现的。因此，为了防止某些异常效应的出现，初学气功的人，关键是认真领会练功要领，遵守注意事项，这样才能正常地进行气功锻炼。

## 第二节　练功偏差及其防治

练功偏差，又称练功出偏。是由于练功者选功不当，或违背了练功要领，或错误的思想、理论误导等原因引起的，是在练功过程中出现的人体功能、精神、行为严重失常的状态。它能造成练功者精神与肉体的痛苦和损伤。如不及时纠正、治疗，会长久存在，严重影响修炼者的正常生活，危及其健康。所以，必须高度重视，尤应注意预防和及时治疗。

### 一、出偏差的主要原因

1. 个体原因　体质与病情不适宜练气功（尤其是静功）的人，勉强练功，易出偏差。

（1）体质不宜：性格内向，精神脆弱，多愁善感，缺乏理智，爱钻牛角尖的人不适宜练功，特别是静功。

（2）病情不宜：①病情紧急、危重者（如心、脑血管疾病危重期）；②精神病患者或有精神病病史者。

2. 选功不当

（1）由于辨证不当导致的选功错误。如对肝阳上亢、风阳上扰导致的高血压病，错误地让患者选择守上窍的功法。

（2）功法本身的问题，如选练了不良功法。

3. 其他原因

（1）缺少良师（医理、功理、功法俱精者）的指导。

（2）违背了练功的原则和要领。

（3）刻意追求练功效应。

（4）练功中受到了重大刺激。

（5）受了不正确思想的误导、毒害，或在练功中出现了幻觉或出现了思想问题，得不到及时、正确的解释与指导。

### 二、如何有效预防气功偏差的发生

偏差有大有小，纠正治疗有难有易。虽然经过认真的纠正治疗，偏差大多都可以康复，但入魔等偏差，稍有不慎很容易复发，对人体的危害不可小视，所以防胜于治。如何预防，可以分为两个方面。

**（一）作为练功者如何防止偏差的发生**

（1）应先请气功医师制订切合自身情况的气功治疗方案（气功处方）。

（2）最好能在气功医师的指导下学练气功。

（3）不可随意乱练，不要多功杂练，不要见异思迁，不要追求奇异，不要好高骛远。

（4）对练功中出现幻觉的特殊现象（不论是美好的还是狰狞丑恶的），不追求、不留恋、不助长、不害怕。

（5）学功、练功中出现问题时（思想、理论或功法等方面）都要及时地请教老师。

**（二）气功医师或老师如何防止气功偏差的发生**

（1）对不适宜练功的人不授予功法。

（2）不传授、不使用自己不熟悉或尚未完全掌握的功法。

（3）对有问题、易出偏的不良功法坚决不教。

（4）对练功者在练功过程中产生的练功效应，不轻易赞扬，更不可夸大其作用，以免引起练功者盲目的追求。

（5）对待练功者及其练功实践活动，要深入了解，勤于观察，仔细分析，及时正确的引导。应避免教功中的主观主义、教条主义和经验主义。

## 三、几种主要偏差的纠正与治疗

**（一）胸闷、气短、憋气、呼吸不畅**

1. 主要原因

（1）呼吸方法不当。如：①过分追求深长呼吸；②停闭时间过长；③呼吸过快等。

（2）姿势不当。如：①弯腰凸背，过度挺胸；②规定舒臂、扩胸时呼气，合臂、缩胸时吸气，这种功法的设定，违背了呼吸生理，故而产生此类偏差。

（3）练功环境空气污浊或稀薄。如：①人多；②通风不良；③室内被香烟、油漆、油烟、煤气等有害气体污染。

2. 纠治

（1）停止原来的呼吸形式，改为自然呼吸。

（2）纠正不正确的姿势。

（3）改变、改善练功环境。

（4）点穴，如点患者的肺俞穴等。

**（二）头昏、头痛**

1. 主要原因

（1）用意过重。

（2）守窍不当（如高血压病患者意守了上丹田等）。

（3）姿势错误引起（如功中长时间地过分低头）。

（4）劳心过度。

（5）疾病引起。

2. 纠治

（1）淡化用意或放弃意守。

（2）纠正不正确的姿势或意守部位。

（3）排查和治疗相关疾病。

（4）按摩治疗，如：头顶痛，按百会；前额痛，用抹前额法；后头痛，按风池、风府；侧头痛，按太阳穴等。

**（三）漏气、遗精**

1. 表现　练功中或练功后，自觉有气从前、后阴或某些穴位或全身各处向外泄漏，不能自控。继而出现面色灰暗，腰膝酸软，遗精滑泄。久之则消瘦畏冷，神疲乏力，失眠惊恐。

2. 原因

（1）相信体内真气可以从体表向外泄漏；误听了漏气、遗精对人体的损害很大的不当言论，又有接受暗示的倾向。

（2）由于意守会阴强度过大等引起。

3. 纠治　首先要纠正患者对本症发生原因及危害的错误认识。

（1）患者自我按摩小腹（丹田）、肾俞直至微热，每天 2 ~ 3 次。

（2）令患者做收腹、提肛运动。

（3）医师对脐中、关元、命门等处点穴。

以上治疗都可以使漏气现象逐渐减少乃至消失。

**（四）内气不止**

1. 对内气运行作用的不同看法　修炼静功到一定时候，会感到有一股暖气在体内流动运转，一般称此为内气运转。对内气运转历来就存在有两种不同的看法，有支持者，也有反对者。

如推崇它的道家，在其内丹术中就提出了内气运转的修炼方法，称通任、督者为小周天（内气沿任督二脉运转循行），通十四经脉者为大周天，并认为非此不能练成上乘功夫。大、小周天畅通才能使人健康长寿。但明代的李梴在其《医学入门》中就提出完全相反的评价，书中说："内运任、督者，久则生痈；运脾土者，久则腹胀；运丹田者，久则尿血；运顶门者，久则脑泄。"

2. 此种偏差的几种常见类型与表现　无论对气功有什么认识，如果练功中出现了内气运转不止、失去了控制，就成气功偏差，必须给予纠正。此类偏差，有多种表现形式。

（1）气阻三关（尾闾、夹脊、玉枕）：气阻在某一关，不上、不下，不适难消。

（2）气冲头：内气久久盘旋于头部，如戴重帽，如带裹头，甚为不适。

（3）气团沿任、督循行不休：当人体一静下来就会出现，使人不得安宁，且难以摆脱。

（4）气团脱离正常的经络：在体内到处乱窜，使人痛苦不堪。

3. 原因

（1）功夫不到，妄行周天。主要是真气不足，强用意念驱使经气的运行，以致失控。此现象也就是气功学反对的“意通”做法。

（2）练功中受惊或功中、练功前、练功后郁怒引起。

4. 纠治

（1）停止练功。

（2）安定患者的情绪，引导其思想趋于外向。

（3）用拍打疗法纠正。局部内气不止者，拍打局部。全身内气不止者，拍打全身。下面介绍两种拍打法。

1）林（厚省）氏简易全身拍打法：

仰卧位：从颈根→胸部→腹部→下肢前面（到足背）。

俯卧位：从颈项→肩背部→腰部→下肢后面（到足底）。

2）经穴拍打法：气功医师或指导老师可依下列顺序依次拍打。

●拍肺俞穴：术者站在患者的背后，用手掌拍打其背部的肺俞穴3下，每次拍下时，令患者从鼻孔用力呼气1次。

●拍膏肓俞穴：术者用手掌拍患者背部的膏肓俞穴3下，每次拍下时，令患者自鼻孔用力呼气1次。

●拍命门穴：术者用手掌横拍患者命门穴处3下，每次拍下时，令患者从鼻孔用力呼气1次。

●拍督脉经：术者用两手掌同时从患者的大椎穴向下，沿督脉拍至尾闾，再拍回到大椎。

●拍膀胱经：术者用两手掌从患者的两肩，沿脊柱两侧的足太阳膀胱经，分开拍至臀部，再拍回两肩。

●拍胆经：术者用两手掌从患者的两肩，向前内下方，沿足少阳胆经，经胸腹两侧、两大腿外侧，拍至膝关节外侧，再拍回两肩。

对三经的拍打，开始可拍打3~6遍，以后还可酌情增加拍打的遍数与力量，最好多拍打几个循环。

3）拍打注意事项：

●手掌拍打的轻重，应视患者的体质和耐受程度而定。

●拍打时术者的手腕要灵活，切忌单用蛮力。

●拍打完毕之后，应让患者散步、活动数分钟。

**（五）外动不已**

外动不已，是指在练功（主要指练静功）过程中出现不自主的运动，由小到大，由轻到重，甚至翻滚跳跃，难以自止，痛苦异常。

对练静功出现外动现象主要有以下不同认识：传统的观点是练静功不宜产生外动，即使有动象出现，也主张大动不如小动，小动不如不动。近年来兴起的一种学派，主张练静功时要动，认为动则舒适，动则治病，动作越大越好。

1. 我们认为，练静功还是以不动为佳　提倡练静功时出现动象，甚至采用语言等形式去诱导动象的出现，将会形成一种渴望与追求，由于这种渴望与追求在练功时经常地施加，与中枢神经的运动中枢建立联系，于是，练静功时渐渐会出现动作，久而久之就形成了一种条件反射。如果把这种现象看作是练功有成效的表现，学习者就会把注意力集中到外动上来，并强化这种刺激，中枢神经中的运动中枢就会更加兴奋，发展到一定程度，就会形成无法控制的局面，即我们讨论的外动不已的偏差。因此，静功追求外动，很大程度上就是形成外动不已偏差的原因。

2. 纠正

（1）停止练功，消除患者的紧张情绪，引导思想意识趋向外向，将静功改为动功。

（2）教育患者对外动有一个正确的认识，如不易接受时则改为暗示疗法。

（3）施以拍打疗法。

（4）用推拿放松治疗，用以解除局部或全身肌肉的紧张，或用针灸、点穴治疗。

（5）药物治疗：给予镇静剂。

**（六）走火**

走火，是因练功不当导致的一系列阳亢表现的总称，是较重的偏差，常是数种偏差的综合表现。

1. 表现　常见面红耳赤，口舌生疮，心烦易怒，狂躁不安，气机冲窜，外动不已，胸闷腹胀，大便秘结等。

2. 原因

（1）用意过重，呼吸过猛，以致火候过大引发。

（2）夏秋天在潮湿闷热的环境中练功，暑湿蕴蒸，秋燥灼炙，郁而化火所致。

（3）练功中心情郁怒，气郁化火所致。

3. 纠正

（1）消除上述病因。

（2）停止练功，将注意力引向外界，多观外景（熄火法）。

（3）做《六字诀》中的“嘘”“呵”“嘻”三字。

（4）做“搅海咽津”术，用以滋阴降火。

（5）药物调理，可用清凉剂、泻剂、镇静剂类药物进行调理。

（6）采用相应的针灸、推拿、点穴疗法。

**（七）入魔**

入魔，是练功者对在练功中出现的幻景，不能正确认识与对待而产生的神志错乱的一类神志障碍。因为幻景基本上是练功者平时看到的、想到的、听到的、期望的内容，还有一些幻景与练功者不纯正的思想意识、不正确的欲望有关。所以，入魔的发生受练功者个人（社会经历、身体素质、思想品德、文化素养、宗教信仰、思维方法等因素）或外界（错误的气功理论、不健康的甚至是黄色的书籍或影视作品、不良传媒）诸因素的影响造成，这是一种最严重的偏差。

入魔的情景多种多样，如：明代伍守阳在《天仙正理直论》中描述：“或见奇异；或闻奇异；或有可喜事物；或有可惧事物；……。”《童蒙止观》还列举了一些具体的描述：“或作父母兄弟，诸佛形象端正，（或作）男女可爱之境，令人心着；……或作虎狼狮子、罗刹之形，种种可畏之像来怖行人；……或作种种好恶之音声，作种种香臭之气，作种种好恶之味，作种种苦乐境界来触人身，皆是魔事。其相众多，今不具说。”

1. 表现　可归纳为两类。

（1）癫证：又称“文痴”。表情淡漠，精神抑郁，喃喃独语，语无伦次，精神恍惚，时悲时喜，哭笑无常，胡思乱想，多疑易惊，不知秽洁，不思饮食，舌苔薄腻，脉弦滑。

（2）狂证：又称“武痴”。起病急骤，头痛失眠，性情急躁，两目怒视，面红目赤，狂妄不安，毁物自伤，打人骂人，奔走号叫，不避亲疏，不食不眠，气力超常，舌质红绛、苔黄腻，脉滑数。

2. 原因

（1）缺乏科学思想，或有迷信思想基础，平时喜欢追求奇异，又受到不良言论，或错误思想的误导甚至毒害。

（2）杂念多，且又无能力排除的情况下，强制自己入静。

（3）受不正确理论误导，追求幻景，并将之信以为真，终被所虏。或平时思想不端正，或有不正当的欲望，在入静时便会浮现出来作怪、生事。

3. 纠正

（1）对尚有理智者，可通过教育帮助患者自我解脱。用科学的道理武装患者的思想，培养其纯正的道德意识，清醒理智，战胜魔幻。古代养生家的科学认识，十分值得借鉴，如明代万尚父（号庐山山人）在其《听心斋答客问》中说："凡有所象，皆是虚妄，乃自己识神所化，心若不乱，见如不见，自然消失，无境可魔也！"又如宋末元初的道教学者俞玉吾讲："任他千变万化，一心不动，万邪自退。"

（2）暗示疗法。

（3）停止练功，外用拍打疗法。

（4）用推拿、针灸或点穴疗法，按癫证或狂证辨证施治。

（5）中药治疗。清代张志聪在《张氏医通》中讲：治疗走火入魔，如用涤痰、降火、安神药仍不效时，可用六味地黄丸、天王补心丹治疗。

（6）西药，按精神病诊治。

# 第八章　导引健身功中真伪、优劣功法的鉴别

去伪存真、扶正祛邪是我们继承与弘扬气功学术的历史需要，更是我们的责任。当今伪劣气功严重泛滥，影响了气功学术的健康发展，为此本人特别撰写此节，以供大家讨论与参考。

## 一、什么是伪劣气功

综合学者们的认识，伪劣气功有以下特点：①采用的理论是用古典学术术语或现代科学名词伪装起来的谬理邪说；②推行的功法是一些不符合气功传统规范，违背气功练功要领的不良功法；③声称的神奇练功效果无法验证，真正修炼这类功法，非但不会使人受益，反而会对练功者造成精神或躯体的伤害。

## 二、伪劣气功产生的原因与危害

由于中医气功疗法效果显著，又具有方便价廉、主动、省时、无痛苦、无损伤等一系列优点，所以受到人民的珍爱和关注。但也吸引了很多不懂医，又不真正懂气功的人，纷纷起来编造气功、推行气功，从而就产生了大量形形色色的伪劣气功，坑人害己。但这些人中有着不同情况和不同的动机。其中，有很大一部分是气功的受益者，出于良好的愿望，也希望别人从气功中获得益处，以此目的来研究推广气功；另有一批居心不良的人，纯粹是为了个人的名利而编造气功的，他们有一个共同的特点，就是编出的功法不符合医理，也不符合气功修炼的原则和要领，甚至有一些是带有思想毒素的不良功法，人们通称其为伪劣气功。这种现象虽然自古就有，但20世纪80年代后期开始，直到21世纪初，却达到了空前的高峰，并且传出了国门，流毒甚广，对人民群众的健康造成了极大的危害，严重败坏了中医气功学的形象和声誉。因此，国家严厉整顿气功界的举措是十分必要的，我们应积极支持和配合这一决策的贯彻和执行。

## 三、如何区别真伪气功

如今气功学术环境受污染严重，甚而到了正虚邪实的地步。我们为了维护气功学术的纯洁，为了更好地继承和发扬祖国医学气功学这一独特的珍贵遗产，让它更好地为人类健康事业做出更大的贡献。我们必须先要学会区分真伪气功，旗帜鲜明地支持、保护好的，打击邪恶、伪劣的。也即学术界呼吁的整顿气功应坚持“扶正除邪”的原则。这是我们每一位气功界同仁、医务界同行，甚至每一个正义的中国人义不容辞的责任。根据多数学者的意见，结合本人长期以来的观察与认识，将真伪气功的鉴别归结如表8－1所示，以供参考。

**表8－1　真伪气功鉴别表**

| 区别点 | 真气功 | 伪劣气功 |
| --- | --- | --- |
| | （科学、健康、有益的功法）<br>古称：正门中道 | （谬误、怪异、有毒害性的功法）<br>古称：旁门左道 |
| 源流 | 通常都有确切可靠的来源，传承清晰。具有谦虚、务实、言必有据，思想端正，从不故意炫耀个人的良好学风 | 常伪造历史，编造神话传说。或假托为某宗教派别或某名家的传人，甚或自封为“掌门”“宗师”。特别擅长利用名人效应 |
| 功法 | 功法编排合理、朴实无华、端庄、含蓄、舒展、大方 | 功法设计常违背公认的练功原则和要领。形式华而不实，粗俗张扬，喜大吹大擂，包揽百病，包治包好。能预知一切，宣扬神奇怪异 |
| 功理 | 有符合医理的完整而严谨的功理 | 多违背医理，甚而制造谬理邪说，或提倡“无理”至高无上 |
| 效验 | 经得起客观验证，疗效确切，安全可靠，使人受益（健康、智慧、长寿） | 经不起客观验证，常用虚假疗效欺骗群众，易导致气功偏差，伤害群众 |
| 与宗教的关系 | 某些功法虽源于宗教，但引用的教义纯真。功理、功法中多选取其科学、积极有益于健康的成分，剔除迷信糟粕，更不借气功宣传迷信。这种源于或取材于宗教的功法是功法而不是宗教，可称其为道家功或佛家功等 | 常打着某宗教的旗号，窃取并歪曲篡改原教义，甚至瞎编一套谬论，毒害信徒。常借助宗教外衣迷惑人们，借“神威”抬高自己。用“鬼”“怪”威胁恐吓群众，从心理上控制信徒 |

# 第九章　对导引健身功的评价

中国的导引健身功（气功疗法）不但受到我国历代中医名家的青睐、人民的喜爱，更已被国际医学界的有识之士，公认为这是世界上最理想的绿色疗法。于是外籍人士纷纷组团来中国学习，并在本国奋力推广。为适应形势的要求，由六个国家于1989年11月17日发起，在北京成立了“世界医学气功学会”，至今已在14个国家成立了分会。另外美国还组建了“国际医学气功学院”，德国建立了“德国养生学院”。

为荷兰儿科医生莫尼可女士教授太极气功24式后合影

2010年9月29日

为意大利那波利市圣保罗医院学习团讲授气功课

2005 年 9 月 27 日

世界医学气功学会第六届医学气功学术会议暨学会成立二十周年纪念会
Sixth Medical Qigong Conference and the 20th Anniversary of the Founding of WASMQ
2010年6月22日

为什么大家这么重视中医气功疗法呢？我总结了如下的优长，或许能回答这个问题。

（1）这种疗法无痛苦、无损伤、无毒副作用（在选用科学功法，并正确使用的前提下）。

（2）不需要昂贵的器械与设备来辅助。

（3）不需要购买、服用药物，练功的药就采于自身。不需要长期依赖医生，它是一种在专业医生指导下，可以自主治疗，依靠自己的努力、自己的力量来战胜疾病的独特治疗方法，是可以实现自己解放自己的一种方法，所以它是最经济的疗法。是解决群众看病难、看病贵的一个有力武器，还可以起到减轻国家医疗负担重的难题，也值得在农村合作医疗和社区医疗中推广应用。

（4）它是一种既治身又修心的完美医术，可以很好地提高国民的体质与素质。

（5）它是一种学无止境、修无终端的高深学问。

# 第十章 推荐功法

## 第一节 医疗步行功（益人改编）

### 一、操作与要点

**（一）预备式**

1. 手抚关元三嘘吸 两足开立，略宽于肩，两手交叉叠放置在关元穴（脐下 3 寸处），深吸一口气，做好准备→张小口缓缓呼气，边呼边屈膝下蹲→呼尽之后保持原位不动，用鼻慢慢深吸→吸完之后，改成自然呼吸缓缓起立。

上述动作重复 3 遍。

2. 开合呼吸 两手背相贴，垂放在小腹前面，两足分立，与肩同宽→以垂臂姿态，两掌心向外朝横向拉开，配合吸气→两掌开到超出体侧半尺左右时，转动手腕，使两掌心相对，而后向中线合拢，手合拢时呼气。

以上开合动作共做 3 遍。

3. 踏步转体式

（1）右转式：左足向左前外方迈出半步，重心退向后方的右腿，上半身向左转体 90°，扎好要走路的架子→身体重心前移，上半身向右侧旋转 180°，同时吸气，吸满之后可稍微闭气一会儿→转到 180°时，上半身向左侧回转，长呼气，身体重心渐渐又退回到后面的右腿，左右来回旋转时，两臂像走路一样随身体转动而自然摆动。

以上动作，算作一个来回的踏步旋转动作，如此共重复 3 ~6 遍。

（2）左转式：右足向前外方迈出半步，重心退回后方的左腿，上半身向右转体 90°。扎好走路的架势→以后做法与右转式一样，只是肢体和转身的方向改成相反即可。踏步旋转 3 ~6 遍。

**（二）步行主功**

1. 行走状态 像平时走路一样地走，但要头脑清静，肢体放松，行进稳健，轻松自然。

2. 步行的开始与结束　要像火车一样，由静而动，逐渐加速。行走结束时，要先逐渐减速，最后停止下来，不可猛然起步和戛然而止。

3. 行进中间　行走不能一直慢悠悠地走，要进行变速。即先缓慢行走，走一段之后加速快走，累了再慢走，这样快慢交替地来走，才比较合理。

4. 运动量的掌握　每次行走不可少于 1 500 m，身体情况允许的话走多点更好。但一定要注意循序渐进，量力而行。决不可以勉强逞强。正常锻炼可以身体微微出汗，若走的大汗淋漓，就说明过头了，一定要避免。

5. 环境选择　空气应清新，环境洁净，地面要平坦，要注意安全。

**（三）结束式**

1. 开合呼吸　同预备式，3 遍。

2. 手抚关元三嘘吸　同预备式，3 遍。

3. 养气收功　先按标准站式，静养 1 ~ 3 分钟，而后开始收功程序：舌头平放，缓缓睁开双目，搓一下手脸，活动一下身体，即全功结束。

## 二、功用

（1）增强体质。

（2）健脾、补益气血。

（3）疏经通络，活血化瘀。

# 第二节　桩功与自然静坐法

## 一、桩功

武术和养生界都将“站桩”作为他们的基本功来修炼。这种锻炼方法不需要大的场地，更不需要任何器械设备，简单实用，且男女老少均可选练。所以是一种很值得提倡的锻炼方法。据临床应用证明，它对肠胃病、高血压、冠心病、神经衰弱等病症及年老体弱者均有良好的医疗健身效果。

图 10－2－1

桩功的流派，种类很多，今介绍两种简便实用的桩功如下。

**（一）自然桩功**

两脚平行开立，与肩同宽。头颈正直，含胸收腹，身形端正。两掌舒展，垂放体侧，掌心向股。髋膝两关节微屈，圆裆提肛。眼唇轻闭、舌抵上腭。思想清净专一（只轻轻地想着以上练功要求，其他事情一概抛开）。采用平静、缓慢、细柔的自然呼吸。如此，静站 5 ~ 15 min，体质好、情况允许时还可以适当延长练功时间（图 10 – 2 – 1）。

**（二）马步桩**

按体质强弱不同，可分别选练高、中、低位三种形式的马步桩。架子越低，练功的强度越大，越费力。

1. 高位马步桩　横跨一大步，分腿站立，两腿髋、膝二关节微微弯曲。两手合抱于胸前，怀中似抱有一棵大树，思想、呼吸同自然桩功（图 10 – 2 – 2）。

图 10 – 2 – 2

2. 低位马步桩功　在高位桩功的基础上，慢慢地屈膝下蹲，一直蹲到膝关节大小腿之间的夹角达到 90°为止，注意尽可能不要让膝盖超过足尖。上身要保持基本竖直，思想、呼吸同自然桩功（图 10 – 2 – 3）。

图 10 – 2 – 3

图 10 – 2 – 4

3. 中位马步桩　方法同上，只是要求把架子的高低控制在高、低位之间，根据自己的体力情况选择具体的下蹲深度即可（图 10 – 2 – 4）。

## 二、自然静坐法

练功者端正稳坐在表面平整的凳子或椅子（木质的最好）上。两腿分开，与肩同宽。两膝关节屈曲成90°，两足平踏地面。两手掌心向下，轻放在大腿前半部，头部和上身保持端正，含胸、竖腰、口目微闭，舌抵上腭，面带微笑。可轻轻地想着小腹（丹田）；也可以什么都不想，忘掉一切（坐忘法）。如上法静坐3 min、15 min、50 min或更长的时间。但决不可勉强！需要注意的是坐凳的高低，以膝关节保持90°夹角最好。如果凳子偏高时，可在脚下垫踏板；如凳子过低，可在凳子上加放垫子（图10－2－5）。

图10－2－5

## 第三节　孙思邈调息法

孙思邈（581—682），京兆华原人（今陕西铜川市耀州区人）。

唐代著名医家，道教学者。他学识渊博，不慕名位，长期居住于终南山，与名僧道友为伴。精通气功养生理论，并终生坚持实践，享年101岁。

孙氏著有《备急千金要方》《千金翼方》《摄养论》《存神炼气铭》《摄养枕中方》《保生铭》等。上述诸书中均有养生气功内容。孙氏的养生观念是综合的、全面的。主张动静结合，一切以适度为原则。

对调息的学术观点：孙氏非常重视调息，他认为："人若气息得理，即百病不生。若消息失宜，即诸疴竞起"。

孙氏调息法于《摄养枕中方·行气》讲"凡行气之道，其法当在密室，闭户，安床，暖席……正身偃卧，瞑目……以鸿毛著鼻上，毛不动、经三百息、耳无所闻、目无所见、心无所思，当以渐除之耳"。

又有这样的方法描述：应在夜半后、日中前，仰卧，要床铺厚软，舒手展脚，频频叩齿，饮玉浆，引气从鼻入腹，至足则停，闭气，而后自口细细吐出，如此鼻入口出，以心数息，数令耳不闻。能数至千，则去仙不远矣。

本人学术见解：这是一种很好的卧式静功方法，但有几个具体问题提出来供大家参考。

1. 练功时间　现代人与古人生活方式差别很大"夜半后、日中前"很难普遍采用，我认为选择自己方便又能安心练功的任何时间都可以练功。

2. 默数呼吸的方法　"数息，数令耳不闻"，是一种调心方法。数数字时不宜连数至百、至千，以1～9循环数更合理。

3. 吸气入腹→至足的说法　应当理解为，吸气时呼吸肌运动时的感觉和主观想象，并非一口气就能吸到足部。

4. 一次练功时间　如按呼吸每分钟 8 次计算，要达到千次需 2 h 以上。我认为不必强求，1 h、30 min，甚而 10 min 都可以。尤要注意循序渐进的原则。初练时一次练功时间先短一点。随着功力的增长，可以逐渐延长一次练功的时间。

5. 注意事项　练功不要随意增加意念活动。尤要防止惊扰，以防出偏。

## 第四节　养生九转返还功

此功法乃清初方开氏编授，以后被《颐身集》《卫生要术》《内功图说》等多种养生书刊转载。此功法有宽胸理气、和胃降逆、健脾润肠等广泛的养生医疗作用，颇受医家与养生界的珍视。我在长期临床应用中，略做改动，使之操作更为简便、实用。

### 一、预备式

舒展身躯，仰卧床上，调匀呼吸，心平气和地静卧 3 ~ 5 min。

### 二、功法操作

**（一）选取胸腹部的三条垂线**

1. 前正中线（任脉）　胸腹正中的垂线。

2. 左、右锁骨中线　沿每侧锁骨的中点（男子可沿乳头中心）做垂线。

**（二）具体操作方法**

1. 将两手叠放在任脉的颈根部 $\xrightarrow[\text{缓缓地平推}]{\text{沿任脉向下}}$ 骨盆上缘（重复 9 遍）。

2. 将手放在左或右侧锁骨的下缘 $\xrightarrow[\text{锁骨中线缓缓向下平推}]{\text{单手或两手同时沿本侧的}}$ 腹股沟（均重复 9 遍）。

3. 两手叠放在任脉的颈根部 $\xrightarrow[\text{向下边旋转按摩，边缓缓下移}]{\text{叠放在体壁上的双掌，沿任脉}}$ 骨盆上缘（重复 9 遍）。

4. 手放在每侧的锁骨下缘 $\xrightarrow[\text{向下边旋转按摩，边缓缓下移}]{\text{单手或双手同时沿同侧的锁骨中线}}$ 腹股沟（重复 9 遍）。

### 三、提示

（1）操作中的两种按摩手法，都应缓慢、轻柔地进行。

（2）旋转按摩的灵活运用：如有消化呆滞、胃部不适，可在运气至中脘穴（正当剑突与脐连线的中点）时在此处多按一段时间；遇到便秘或腹泻时，可在锁骨中线平脐处的天枢穴停留多摩；遇肝气不疏、胸胁胀痛，可在按到两胁部位（乳下至胸廓下缘之间）时停留多摩。

## 第五节　自我调节疗法

### 一、概述

对于人应该怎样掌握自己的生命，使之经常保持旺盛状态并充分发挥其积极作用，怎样使自己已经衰败的生命再重新充满青春的活力等这些问题，人们长久以来一直在探索，韩秋生老师根据我国传统气功系统整理编成的“人体生命再生工程”，就是解决这类问题的一把金钥匙。这一工程所研究的内容，实际上就是原来的“气功自我控制疗法”，简称“自控气功”；根据作者的体验，我认为称“自我调节疗法”更为明确，可简称之为“自我调节法”。

为了能够把握自己的生命，使之经常保持旺盛状态，使已经衰败的生命得以修复改造，重新充满活力，我国古代养生家早在两三千年以前就创造了祖国正宗的修炼生命的古老学术，今称其为“中国传统人体生命再生工程”（以下简称“人体生命再生工程”）。该功法概括地讲，就是以匹配阴阳为核心，教学内容是“性命双修”。“修性”是通过穷理，即研究理论、明白道理。树立公心、仁心，修养道德，增长智慧。并要求在生活中按理行事，按自然规律办事；要求把自己的精神状态和思想方法都修炼到有利于内气运行、符合人体生理需要的有益境界。“修命”，就是要求在心性调和的前提下，通过缓节柔筋的肢体导引锻炼，来通经活络、调理脏腑、调和气血、平秘阴阳，从而达到防治疾病、延缓衰老、救护生命的目的（图 10－5－1、图 10－5－2）。

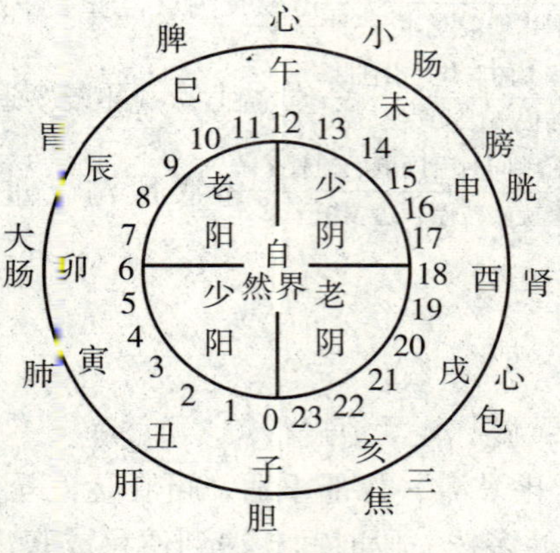


图 10－5－1　自然气质与子午流注

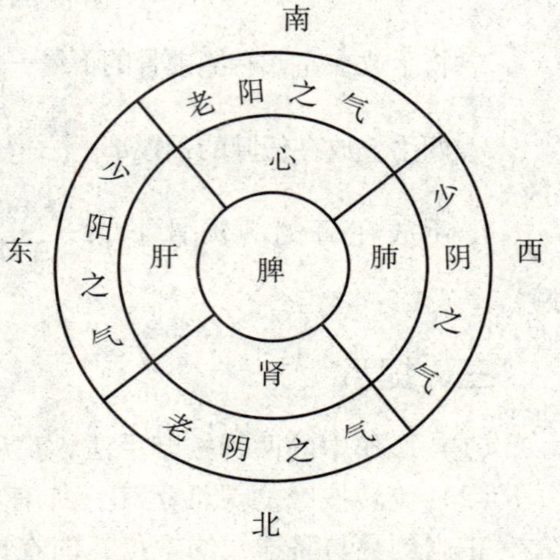


图 10－5－2　同气相求

功法的构成博采道、医、释、儒各家之长，融入整体调理和辨证施治的医疗原则，具有作用广泛、见效迅速、疗效显著、好学易练、安全可靠等优点。它既能救助生命，又能保护生命，不仅可治虚证，还可治实证，可以长期用以防病保健。

我院气功教材初稿时，曾请韩秋生老师对本功法内容做过校阅。现在经过二十多年的教学实践并结合医理，作者对功法的个别地方稍微做了一些改动，以求更加实用与合理。如：将调息补气功中的强心、肝、脾、肺、肾法，改称调心、肝、脾、肺、肾法；再如将开合导引中开呼合吸呼吸法，改为开吸合呼的做法等。

1. 学练要求

（1）学：要求认认真真，高标准地学功（先存）。

（2）练：全身不用力，脑子不想事，从容不迫、马马虎虎地去练（后忘）。

2. 时间与地点的选择

（1）时间：以寅、卯两个时辰（早 3 ~7 时）为最合适（据本书作者长期的观察、体验认为，练功时间以综合考虑自己的学习、工作和生活情况，选择最方便、最清静的时间安排练功最好。如果个人条件允许，练功还是放在早晨为好，夏、秋季可定在 5 ~7 时，冬、春季 7 ~9 时）。

（2）地点：宜选树木花草多的地方（松柏树最好），有水的地方。这些地方不仅氧气丰富，而且对生命很有益处的负离子也最多。

## 二、基础功法

### （一）基本身法

传统气功认为，调动内气旺盛运行的条件是缓节柔筋而心和调，因此，练功中自始至终都要保持这一状态。

锻炼性命双修的命功功夫所采用的行、立、坐、卧四种形式，要按“行→立→坐→卧”的顺序循序来练。

从行式开始。这是因为行式较立式及其他两种形式都容易放松入静，且易于进行导引按跷。等行式练出了一定的松静功夫，疾病痊愈了，才适于改练立式。当功夫进入炼气阶段才可以改练坐式，只有当练到坐而不睡、睡而不迷的程度时方可练睡功（卧功）。

另外，还要根据患者的身体情况来选择练功的形式，如跛足等行动困难者，可练立式；下肢瘫痪者，可采用坐式；卧床不起者，宜练卧式。

1. 站式身法（基本站式或称标准站式）　站式是行式和坐式的基础，故应先学。达摩祖师提示站式的要领为：“立定勿倾斜，端身自固志，耳目随心静，任其纷纷事。”具体要求为：平行开立，屈膝圆裆，松腰松胯，收腹提肛，含胸拔背，钩腮悬顶，两唇轻闭，舌抵上腭，平视合目，沉肩虚腋，坠肘松腕（图 10－5－3）。

2. 行式身法　要保持缓节柔筋而心和调的要领，达摩祖师形容行功的要领犹如：“行如盲无杖，自然依本分；举步低且稳，踏实方可进。”行进时的特点是：举步低，起落稳；落脚时，足跟先着地，由点到面。体重主要放在后腿，前腿经常是空虚的姿势。这样，行走的目的是利于松腰。腰松，气才可沉向丹田。

在行进之中，既要遵守站式身法的各种要领，又要体现达摩对行功的要求，尽力做到松静自然，充分发挥手按足跷的导引行气作用。具体要求，应从步法和摆臂法两方面来体现。

（1）步法：松腰、跷足、两脚平行弧步式前进（指左脚与右脚的落脚点是两条平行线。而每迈进一步的过程是一条弧形线）。落脚时跷起足尖，让足跟先着地，而后足掌放平，踏实，后脚跟进，两脚交替前行（图 10－5－4、图 10－5－5）。

图 10－5－3　站式身法

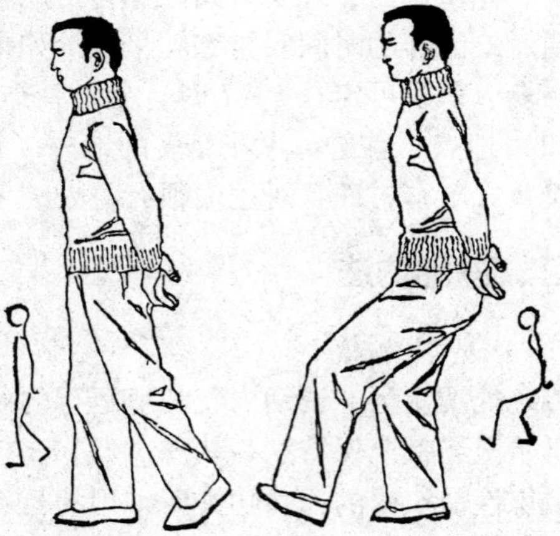

图 10－5－4　松腰跷步

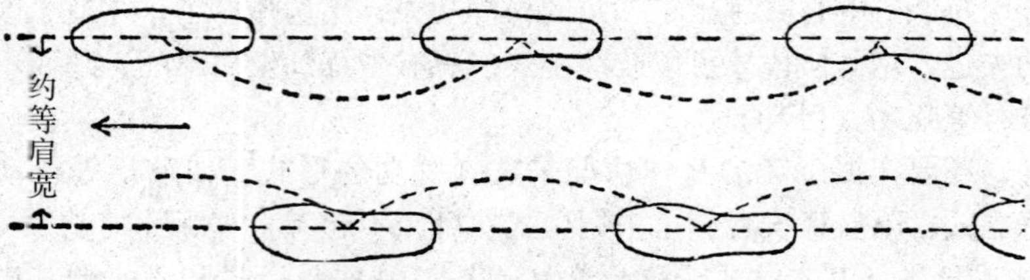


图 10－5－5　平行弧步法

（2）摆臂法：本功摆臂时手的轨迹呈一个“8”字形。身前一个立圆（矢状位）。手起时离体宜远，降落时离体宜近；胯侧再接一个平圆（近似水平位），远体摆出，近体收回。摆臂时，应向两侧横摆，这样可以保持虚腋的正确姿势。另外，两臂摆动时要保持沉肩、坠肘、松腕的要领，并始终带一点屈曲，以求松静自然（图 10－5－6～图 10－5－9）。

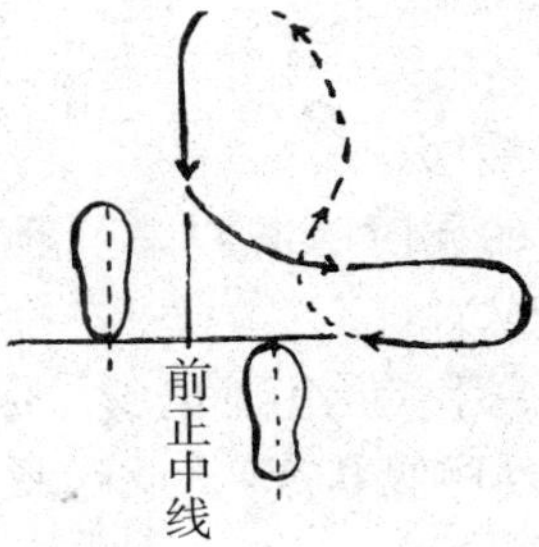


图 10－5－6　“8”字摆臂法分解动作

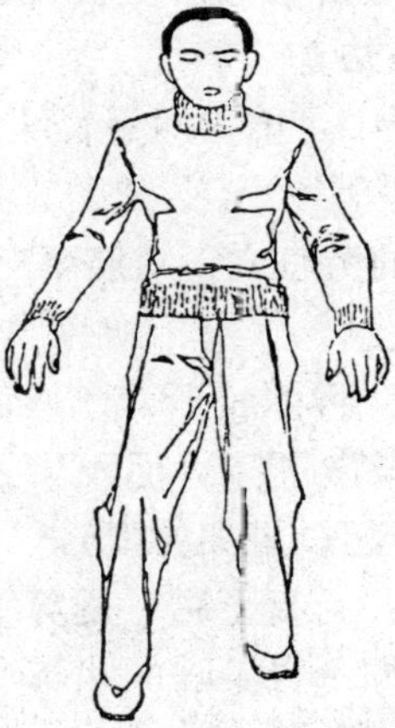

图 10－5－7　向前半步

图 10－5－8　手臂降势

图 10－5－9　手臂升势

**（二）基础式子**

基础式子包括起式、过渡式、收式。其每种又都分为：简式，为练浅度松静功夫及短时间操练的功目所选用；常式，为锻炼一般松静功夫及中等时间的功目所选用；复式，为锻炼较深松静功夫及较长时间操练的功目所选用。

1. 起式（预备式）　是为正式锻炼做准备的。

（1）简式起式（“手抚中丹田三嘘息”，以下简称“中丹田三嘘息”）（图 10－5－10）：

1）松静站立。

2）手抚中丹田。两手轻缓地一先一后依序（男先放左手，女先放右手）叠放于小腹部，令按腹掌手的劳宫穴正对脐下三寸处的中丹田。

3）三嘘息。

图 10－5－10　中丹田三嘘息

a. 口呼：舌体放平，口唇微启，用口缓缓呼气，两手微微下按，但不可用力，呼气的同时膝髋两关节渐屈，身体下坐（膝盖以不超过足尖为度）。

b. 鼻吸：舌抵上腭，用鼻缓缓吸气，两手微抬但不离身，保持下坐姿势。

c. 呬：即不吸不呼的状态（宜改做自然呼吸状态），此时身体慢慢上升至原松静站立的姿势。

以上动作重复 3 遍，即为手抚中丹田三嘘息。

（2）常式起式：

1）中丹田三嘘息。

2）中丹田三开合（图 10－5－11、图 10－5－12）：

图 10－5－11　中丹田开式

图 10－5－12　中丹田合式

a. 两臂肩、肘、腕关节放松，垂于中丹田前方，并缓缓旋转上肢使手背相靠，而后沿中丹田高度向两侧分开直至胯旁，配合吸气（开—吸）。

b. 于胯旁转双臂使掌心相对，沿原路线合拢，合到体前相距一拳半（15 cm 左右）为度（合一呼）。

以上一开一合算作 1 遍，共做 3 遍。

3）踏步右左九抽息（图 10－5－13～图 10－5－16）：

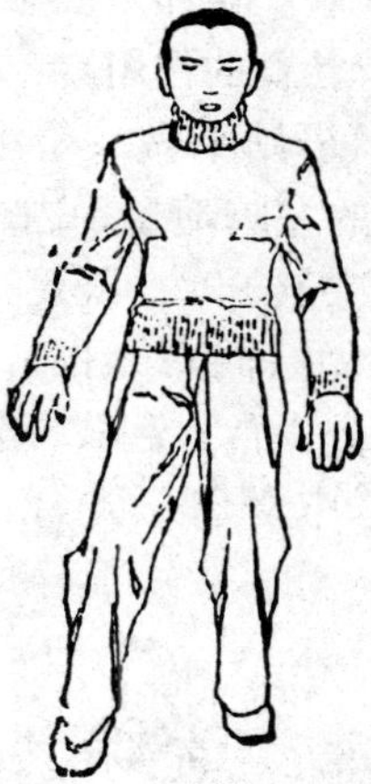

图 10－5－13　出右脚图

图 10－5－14　右一吸式

图 10－5－15　右二吸式

图 10－5－16　左呼式

a. 右九式：当前面的中丹田三开合最后一个开合做到开的末尾，在两掌心转向相对的转动过程中，使身体的重心移向左腿，变虚的右脚随右手向体中线合拢的同时，也收回到左脚旁，右足尖点地，待身体平稳之后，右脚向右前外方迈出一小步，落地时先脚尖再全脚。然后，在全身重心放在左脚的前提下，将迈出的右脚尖跷起，同时上半身向右转体 90°，左臂前摆，右臂后摆。右转身体准备式完成之后，即开始向左转体，身体重心逐渐向前脚过渡，当前足跟刚开始着力时，用鼻子做短促有力的吸气一次，上身转到正前方前足尖落地时，再次用鼻子短吸一次。两臂随转身自然向相反方向摆动。身体继续由正前方向左再转 90°，旋转这 90°时闭气，身体重心移至前腿。紧接着身体缓缓回转 180°，边转边呼（长呼），身体重心由前脚移回后脚，两臂也随之回摆，又恢复到开始时的右转身状态。如此，往返转体 1 次算做 1 遍，共做 9 遍。转体时要求下盘（下半身）不动，主要让上半身以腰为轴进行旋转（动腰有壮肾的作用）。

b. 左九式：右九式做完之后，后脚提前半步站平做一个中丹田开合作为过渡。当两手拉开旋臂时身体重心右移，变虚的左脚随左手内合而收拢。稳定重心后，左脚向左前外方迈出一小步，上半身左转 90°，跷足、摆臂完成预备姿势。而后做左脚在前的旋转导引动作 9 遍（做法同右九式）。左九式做完之后，将前脚撤回半步平站，再做一个中丹田开合，常式起式即告结束。

（3）复式起式：①中丹田三嘘息，略。②中丹田三开合，略。③往返转体三田开合（图 10－5－17～图 10－5－29）。

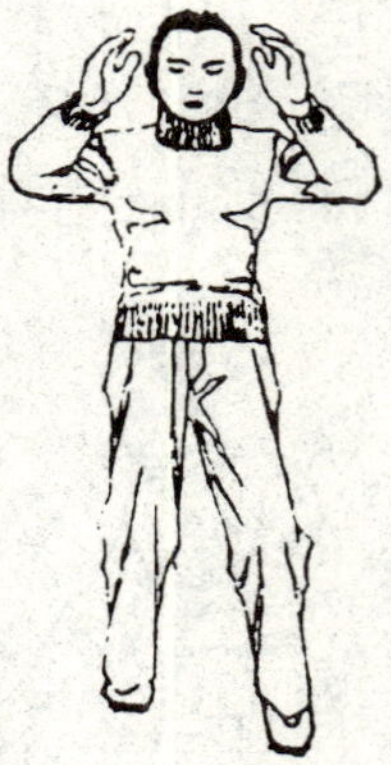

图 10－5－17　升式

图 10－5－18　上开式

图 10－5－19　上全开式

图 10－5－20　上全合式

a. 上丹田开合（图 10－5－17～图 10－5－20）：当口丹田三开合做完最后一个开合的开之后，于转腕动作进行的同时，身体重心移向左腿。变虚了的右脚随右手合拢的同时收回至左脚旁，稳定一下重心而后右脚向右前方迈出半步，脚尖先点地，身体重心渐渐移向前腿，顺势两臂向前方摆起（掌心向内上方），继而沿体前中线上升（离身宜稍远一点），当升至上丹田位置（两眉中间的印堂穴处）时，松臂松腕旋转成掌心向外的姿态。而后两臂徐徐分开（同时腰髋部放松），身体重心也渐渐移到后腿（前腿放松，足尖点地），整个脊柱放松。当两臂开至手超过肩 20～30 cm 时，即可转臂合拢（旋转手腕，使两手掌相对，渐渐合拢）。随两臂的合拢身体重心移至前腿，脊柱相对变直。

b. 中丹田开合（图 10－5－21～图 10－5－24）：接着舒臂松腕（使掌心向下），两手中指可以相接，也可稍稍分离地缓缓下降，腰放松后送，身体重心移至后腿，前脚变成虚点的姿势，两手降至中丹田后松腕下垂，变掌心向外，徐徐拉开。两手拉开时腰部继续向后放松，待拉至体侧 20～30 cm 后，就可以提臂转腕，做合拢的动作，重心前移，直至后腿足跟提起为度。

图 10－5－21　降臂式

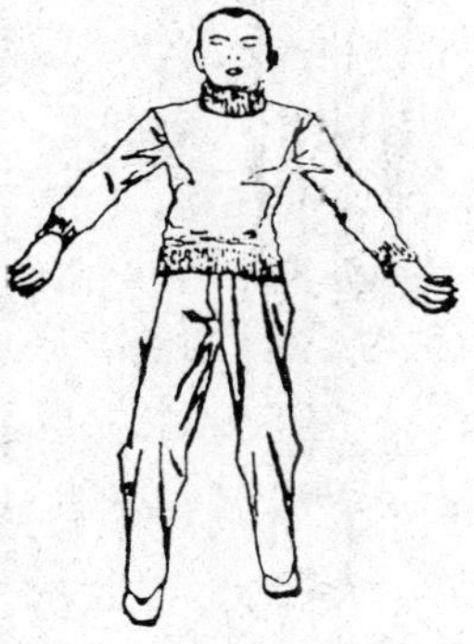

图 10－5－22　口开全式

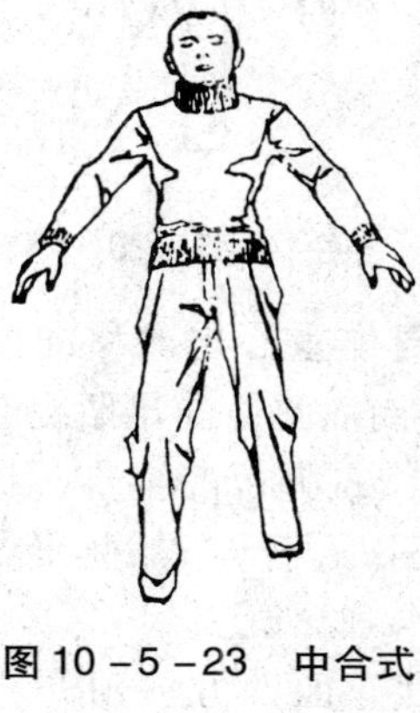

图 10－5－23　中合式

图 10－5－24　膻中翻手式

c. 下丹田开合（图 10－5－25～图 10－5－29）：接前式，两手松缓地转成掌心朝内上的姿势，弧形远离身体徐徐上提两臂，两手提至膻中穴（两乳的正中间）时，翻转掌心向下，松臂下落，同时两膝渐渐屈曲做下蹲动作（要求上身尽量保持垂直姿势）；下蹲过程中，身体重心保持在前脚，后脚跟呈提起状态。下蹲到前面承重大腿呈水平状而臀部尚未触及后腿小腿时为度。两手松垂于下丹田（前阴与肛门之间）高度，做开合动作。两手合至膝前，以后两腿慢慢起立，两手也沿体前中线上提，先贴近身体，待升至中丹田时，逐渐远离身体（掌心朝内上），身体复原后两手正好提到膻中穴高度（此前重心一直在前腿）。而后翻转掌心向下，徐徐下降，身体重心渐移向后腿。

图 10－5－25　蹲式

图 10－5－26　下蹲全式

图 10－5－27　下开式

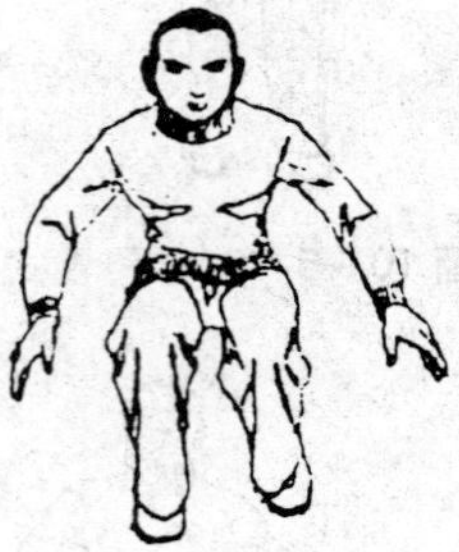

图 10－5－28　下合式

d. 转体动作：待两手落至肚脐高度时，身体重心再次移向前腿，后脚跟提起横置于前足跟的后面，然后将身体重心移向后腿，前足跟提起以前足尖为轴身体向左旋转 90°角，身体由面南改为面东，右脚迈前半步，在东方再按上法做上、中、下 3 个丹田高度的开合动作（三田开合）。如此接做北、西方向的三田开合动作。

e. 返转操作：做完右脚在前的南、东、北、西四方三田开合之后，仍在西方将后方的左脚提上来并迈前半步，做左脚在前的三田开合。接着做北、东、南的三田开合，至此做完了右脚在前向左旋转的四方三田开合，又做了左脚在前向右旋转的四方三田开合，"往返转体三田开合"即告结束。

图 10－5－29　起立式

应用：复式起式用于蹚步运化功和较长时间的调息补气功锻炼之前。

2. 收式功法　此功法的目的是通过练功将体内新生的元气引入脐下丹田中，即"引气归元"（防止四散流失），以待需要时，沿经络输布全身有关的脏腑器官，维系其正常生理活动，抗御疾病，达到治病强身的作用。所以练功之后，要做收式功法。

收式功法亦分"简式""常式""复式"3 种。

（1）简式收式：即中丹田三嘘息，方法同起式的做法，唯应轻微地想着中丹田的部位，借"神为气帅"的作用，把练功滋生的元气引导归入丹田。

（2）常式收式：正功结束后，停步放松、平站、闭眼，然后接着做以下 3 个动作。

1）中丹田三开合：3 次。

2）膻中点穴三嘘息：第三个中丹田开合之后，两手掌心向里，手指相对（水平状），轻缓地沿任脉向上提至膻中穴，上升中两中指尖相接，并虚点在该穴上，张开其余四指轻轻贴放在胸部，然后做 3 次嘘息。做完 3 个嘘息后，两手翻掌（使掌心向下）落向中丹田（图 10－5－30）。

图 10－5－30　膻中点穴三嘘息

3）中丹田三嘘息：两手滑向中丹田，做 3 次嘘息，收式完毕之后，静立片刻，再将两手缓缓落至体旁，睁开双眼，稍事散步，即可恢复生活常态。

（3）复式收式：

1）两田开合：3 次，方法同起式的三田开合，只是删除了下丹田开合。

2）揉腹：最后一次两田开合之后，后脚提前半步站平，两手按男左女右的顺序叠放于中丹田处，沿上面手拇指的朝向，以中丹田为圆心，由小到大做旋转式揉腹动作（男子先顺时针转，女子则逆时针方向转），揉时是象征性动作（在衣服表面轻揉，而不实揉）。正转 36 圈，最大圈的范围是上至膻中下至耻骨联合上缘，转完 36 圈后，停放在膻中穴处，两手倒换，再向相反方向揉腹 24 圈（由大到小）（图 10－5－31）。

图 10－5－31 揉腹

3）中丹田三嘘息：方法同前，做完之后静立 3～5 min，睁眼，散步或休息片刻即告结束。

3. 过渡式功法

（1）简式过渡式：中丹田一开合。

（2）常式过渡式：中丹田三开合。

（3）复式过渡式：两田开合，3 次。

## 三、主要功法

### （一）调息补气功

此功是锻炼命功和抗老治病的主要功目。它通过调息导引等方法来补充身体之元气，从而达到抗老医病的目的。调息补气功分为强身法（信步法）、调肾法、调肺法、调脾法、调肝法、调心法和踏步法等七种，可供不同病情、体质、生活条件的人灵活选择。

1. 信步法（或名强身法） 信步法是一种适合初学者替代其他功法的需要，简单易学、见效迅速的功法。还可供重病、体弱的患者借助别人搀扶进行练功之用。

（1）简式起式：见中丹田三嘘息。

（2）正功：睁眼（如在熟悉平坦安全处练功时可以闭眼行走），以安逸的神情、松弛的体躯、缓慢的步法行走，除要求足跟先落地（跷步法）以外，没有具体的姿势要求。呼吸是用鼻进行短促有力而又富有节奏的呼吸法。

‖: ×·○ ×·○ ×·○ ○ :‖

吸 吸 呼 平

（第一步）（第二步）（第三步）（第四步）

（3）简式收式：三嘘息。养气 10 min 后即可收功。

注：正功每次行走时间不宜过长，一般练 10～20 min，可休息 5～10 min 再练，每天练功时间不可少于 1 h。

2. 调肾法 调肾法是接续调身法练功之后要进行的第二步功法，它具有活跃肾气、增强肾脏功能的作用，还有协助肺气下沉丹田（肾主纳气）、增进人体生命活力的作用，本功又是其他行功的基础。因此，“调肾法”是人人都

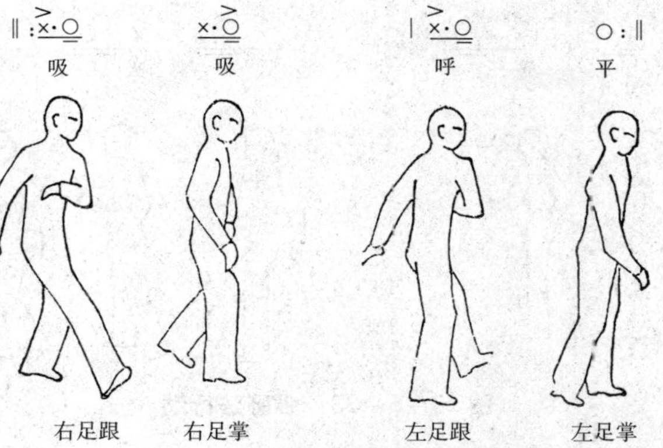


图 10－5－32　强肾法行动

必须练的基本功（图 10－5－32）。

（1）起式：为常式。

（2）正功：起式毕，微睁双眼，身体略右转，摆动双手（左手摆至胸前膻中穴高度，右手摆至右胯旁侧高 75°），重心左移，松腰出右脚，足跟落地，此时用鼻做 1 次短吸。当右脚前部着地时，再鼻吸 1 次，然后重心前移，再次松腰，迈出左脚；当左足跟着地（左手摆至左胯旁，右手摆至胸前）时，用鼻短呼 1 次。左脚掌着地的半拍，作为呼吸的平衡机动。为了使呼吸保持平衡，这半拍最好也短呼 1 次。重心继续前移，右脚跟再次着地前进，重复前面的做法。整体的做法是在松腰的前提下用轻快灵活的步伐，每两步配合吸→吸→呼→平的一轮呼吸节奏，行走速度在五脏中以调肾法最快。用简谱表示为（符号意义参考音乐简谱）：

‖:×·○　×·○　×·○　○:‖

吸　吸　呼　平

右足跟　右足掌　左足跟　左足掌

（3）收式：用常式。

3. 调肺法　本法有促进肺经经气运行，增强肺脏功能的作用，故适于肺经病，如肺结核、肺气肿、哮喘及皮肤病患者锻炼。根据“肺为肾母”“虚则补其母”的原则，亦适用于肾气亏虚者的治疗（图 10－5－33）。

（1）起式：用常式。

（2）正功：一步半完成一个呼吸单元，平字短暂不明显。

右脚跟着地吸→右脚掌着地吸→左脚尖点地呼（平）→左脚跟着地吸→左脚掌着地吸→右脚尖点地呼（平）……如此左右交替进行。调肺法行进速

| ‖: | >×·○ | >×·○ | >×·○ | ○ | │ | >×·○ | >×·○ | >×·○ | ○:‖ |
|---|---|---|---|---|---|---|---|---|---|
| | 吸 | 吸 | 呼 | | | 吸 | 吸 | 呼 | |

图 10－5－33　强肺法行动

度较快，前手摆高平中脘穴，后手摆高 65°。

注：每当脚尖点地时两手半握拳，捻拇、示二指各 1 次（轻触一下），给拇指桡侧指甲角肺经的少商穴一个良性刺激。

（3）收式：用常式。简谱表示法如下：

| ‖: | × | × | × | ○ | │ | × | × | × | ○:‖ |
|---|---|---|---|---|---|---|---|---|---|
| | 吸 | 吸 | 呼 | | | 吸 | 吸 | 呼 | |
| | 右足跟 | 右足掌 | 左足尖 | | | 左足跟 | 左足掌 | 右足尖 | |
| | | | 手捻 | | | | | 手捻 | |
| | | | 足点 | | | | | 足点 | |

（用于调肺法及调脾法）

4. 调脾法　脾属中央土，居心（火）肾（水）之间，与肺（金）肝（木）之间，起运化转输作用，做法上同强肺法。特殊要求是，动作的速度和幅度都要适中，前手摆高平脐，侧后方摆手高度约 55°，呼时用足尖内侧的隐白穴处轻触地面，此即足点，同时手捻（双），方法同前。

5. 调肝法（图 10－5－34、图 10－5－35）

（1）起式：用常式。

（2）正功：肝属少阳，调节宜配少阴，所以其行速应略慢，其动作幅度宜稍小一些，前手摆动的高度平气海穴，后手摆高约 45°。要求用三步半完成一个四吸三呼的呼吸周期，末呼时手捻脚点（点脚时要竖立起来，点在停脚的后部）。具体做法示意如下：

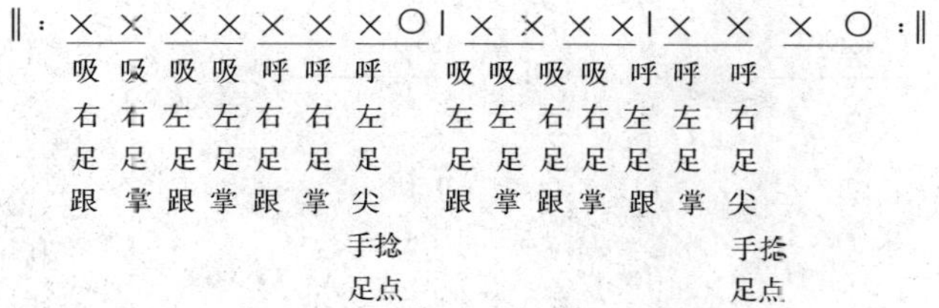


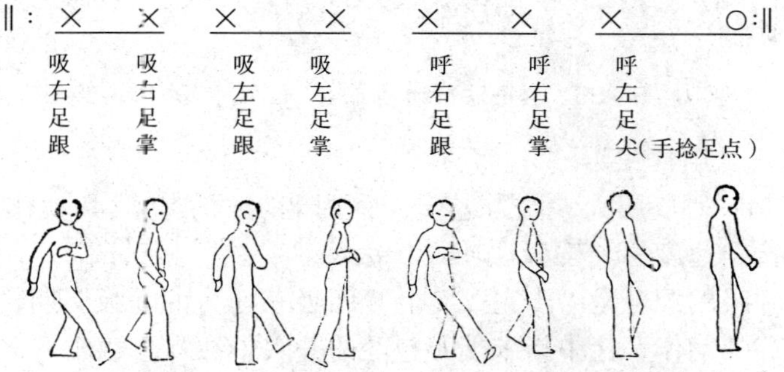


图 10 –5 –34　强肝法行动（一）

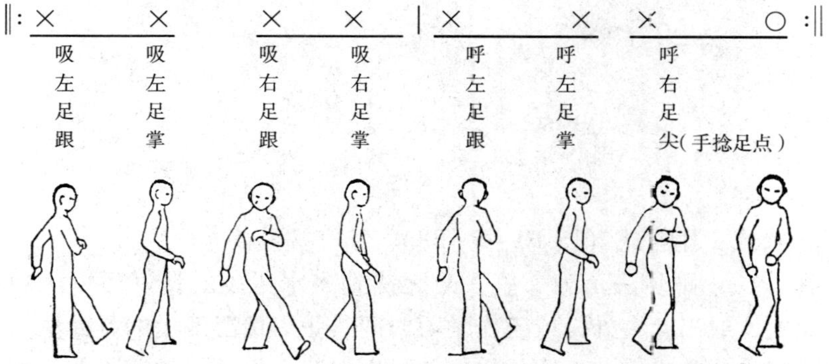


图 10 –5 –35　强肝法行动（二）

（3）收式：用常式。

6. 调心法（图 10 –5 –36、图 10 –5 –37）。

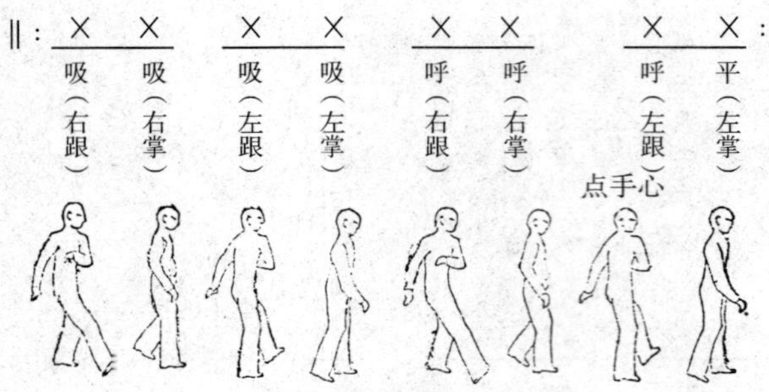


图 10－5－36　强心法行动

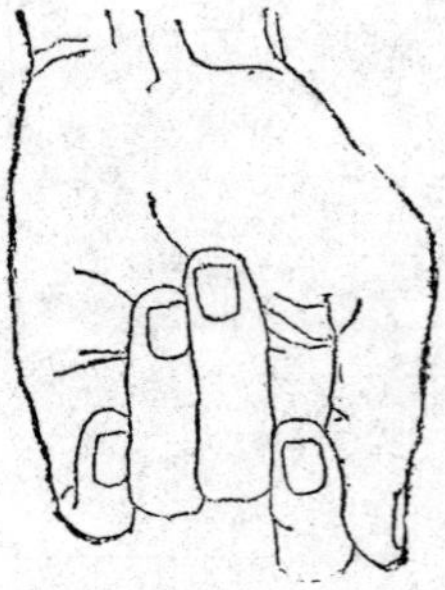

图 10－5－37　中冲点穴

（1）起式：用常式。

（2）正功：心气属火，性为老阳，宜用老阴调节。故其动作取降低动作幅度、减慢行走速度的“强肾法功式”锻炼。

步法与呼吸的配合是4 步完成1 个“四吸三呼”的呼吸周期，在未呼时双手做1 次半握拳动作，让中指末端心包经的井穴中冲穴，触碰一下手心的劳宫穴，用以激发和加强心包经的内气运行。行走时头、颈、腰、胯要放松，转动不宜过大，两眼垂帘，两臂摆动前达关元穴，侧方手臂下垂角约 35°，步速宜缓慢，每分钟 45 ~50 步。简谱表示法如下。

| ‖: | | | | | | | | | :‖ |
|---|---|---|---|---|---|---|---|---|---|
| | × | × | × | × | × | × | × | × | |
| | 吸 | 吸 | 吸 | 吸 | 呼 | 呼 | 呼 | 平 | |
| | 右 | 右 | 左 | 左 | 右 | 右 | 左 | 左 | |
| | 足 | 足 | 足 | 足 | 足 | 足 | 足 | 足 | |
| | 跟 | 掌 | 跟 | 掌 | 跟 | 掌 | 跟 | 掌 | |
| | | | | | | | （点掌心） | | |

（3）收式：用常式（图 10－5－38）。

7. 踏步法　踏步法是为那些一时无法到多水树茂的良好环境练功，或遇上风雨天气，或出差在外，或工作学习时间紧张等情况编设的。此法只要求在房中打开窗户，腾出一个小小的空间就可以操练。但其功效远不如户外的练功（因不能多呼吸大自然中的新鲜空气，且动作方面也受到限制），学习者切不可图省事，用踏步法去代替其他的行功。

（1）起式：用常式。

（2）正功：起式之后，做1 次中丹田开合的简单过渡式，而后在保持原地不动的前提下，先做右脚在前的重心前后移动的 9 次“吸→吸→呼→平”动作配合呼吸的程式。中间做1 次中丹田开合，而后倒脚做左脚在前的上述程式，左、右各做1 次后，来一个中丹田三开合过渡式。再开始新一轮的上述操作，如此重复操练，一次练 20 min，休息 5 min 可以再练，总时间长短根据体质等情况来定。

（3）收式：用常式。

**（二）跷步运化功（缓步功）**

跷步运化功，是一个十分重要的核心功法，它具有促进脾（属土）气运化功能，同时又对心、肾、肺、肝四脏的功能有促进作用。五脏功能健旺，身体自然健康长寿。所以一般慢性患者或疑难病症患者，都应练跷步运化功。健康人常练此功，也可强脑益智，防病强身，延年益寿。

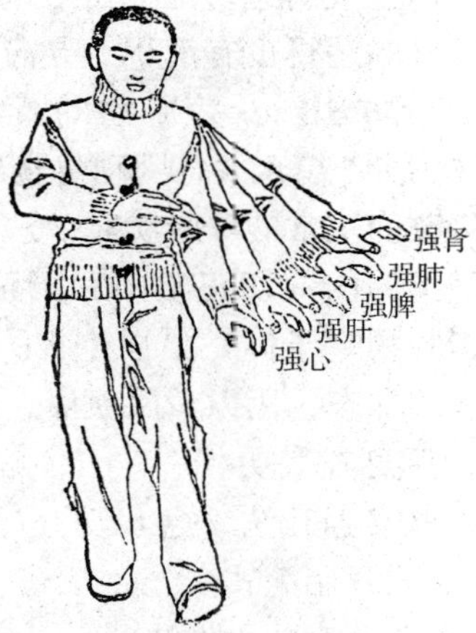


图 10－5－38　调息补气功动作幅度

（1）起式：用复式起式。

（2）正功：实际上就是“调息补气功”中“强肾法”的特慢动作。重点要求：跷足、缓行，脑子清静，动作轻松，毫不做作，任其自然。呼吸也听其自然。正功最好走 30 min 以上。行功中每走 9 步做一个“导引”（两臂前送提起至颈根，再贴身落下，这一起一落如绕一环。掌心向上，起慢落快为补；掌心向下，起快落慢为泻；掌心斜向内上，起落速度均等为平补平泻）。正功还应注意每走左、右各 9 步算一个单元，增加功量时应成单元地增加。

（3）收式：用复式收式。要求时间充分，认真做功。

**（三）革滞功**

革滞功是运用导引手段来消除因严重气滞血瘀而形成的梗死、包块，甚至肿瘤（良性与恶性）的功法。

1. 肿瘤的病因　由于七情、饮食、外邪或久病等因素，导致脏腑气血津液的功能失调，气、血、痰、饮这些原来流动着的正常物质瘀滞、凝结而成包块性病变。此即肿瘤的早期，这些病变生成的瘀血，化生热毒，日益积聚，相互为患，久则邪盛正虚，肿瘤日渐发展，气血日益耗伤，终成恶果。病理分析：气、痰、瘀血、热毒为标，属实；内脏功能失调，正气亏虚为本，属虚。因此，肿瘤的治疗一定要破除癌症就是实证，一概要泻的错误认识。癌症患者多数是标实本虚的，治疗时一定要审慎。

2. 治疗肿瘤的依据与机制　革滞功重用调息补气功，此功有增进阳气的功能，阳气充足，气机活跃，可以使沉积瘀滞的物质变成运动的物质，予以清除或化解。

行功中重跷足、快行，这样可以加强运动足踝，有活跃阴跷、阳跷二脉经气的作用，而阴阳跷脉具有交通一身阴阳之气的作用。内灌脏腑，外泽肌肤。

另外，人体卫气的运行也主要通过阴阳跷脉向全身散布，因此，此行功通过促进二脉经气的运行也有消积、导滞、化瘀等治疗作用。

3. 治疗方法　治疗肿瘤的革滞功中有一种急步功，它是根据《性命圭旨·四神图》“趋奔太急则动息伤胎”的理论编设的。这段的意思是，走得太快了，将改变正常的呼吸状态，这样会伤害母体中的胎儿。胎有一种广泛的含义，就是指体内一切正常的和不正常的胎，包括肿块、肿瘤。母体，不分男女，是指肿物（子体）借以生长的人体（母体）。因此，我们以速行为手段来改变人体的常态，用以消除瘀滞，化解凝结，扼制肿瘤。

（1）调息补气功。

（2）吹息速行法（急步功）。具有活血化瘀抑制肿瘤的作用。

1）起式：用简式。

2）正功：有两种做法。

a. 按强肾法的动作姿势，把速度加快到每分钟 80～100 步，每两步做 1 个吸、吸、呼、平的呼吸周期。简谱表示法如下：

| 即：‖: | | | | |
|---|---|---|---|---|
| | >×·○ | >×·○ | >×·○ | ○ :‖ |
| | 吸 | 吸 | 呼 | 平 |
| | 第一步 | 第一步 | 第二步 | 第二步 |
| | 左足跟着地 | 左足掌踏平 | 右足跟着地 | 右足掌踏平 |

b. 一步一吸一步一呼法：简谱表示法如下：

| ‖: | | | | |
|---|---|---|---|---|
| | >×·○ | >×·○ | >×·○ | >×·○ :‖ |
| | 吸 | 呼 | 吸 | 呼 |
| | 第一步 | 第二步 | 第三步 | 第四步 |
| | 左足 | 右足 | 左足 | 右足 |

3）收式：用简式。

4. 注意事项　①睁眼练功，对周围事物要“视而不见”。②本功是泻实邪的功法，所以两臂只做左右自然摆动，而不取“8”字形摆臂。③本功属泻法不可久练，实减即止，改练调息补气功。（附表　自我调节疗法简表（表 10－5－1）

**表 10－5－1　自我调节疗法简表(即《人体生命再生工程》或《自控气功》)**

| 主要功法名称 | | 起式 | 正功 | | | | 收式 |
|---|---|---|---|---|---|---|---|
| | | | 动作要点 | 前手摆高 | 侧手摆高 | 步速(步/min) | |
| | 信步法(强身法) | 简式:中丹田三嘘息 | 身心放松,跷足活腕,信步而行,自然呼吸 | 随意 | 随意 | 40～50 | 简式:中丹田三嘘息 |
| 调息补气功 | 强(调)肾法 | 常式:①中丹田三嘘息;②中丹田三开合;③踏步右左九抽吸 | 两步一个呼吸周期的两吸一呼走法。动作要轻快灵活,注意松动腰椎和命门 | 平膻中 | 最高(75度) | 最快(65～70) | 常式:①中丹田三开合;②膻中点穴三嘘息;③中丹田三嘘息 |
| 调息补气功 | 强(调)肺法 | 常式:①中丹田三嘘息;②中丹田三开合;③踏步右左九抽吸 | 一步半一个呼吸周期的两吸一呼走法。动作较快,呼气时手捻(示指包在拇指桡侧缘的末端,自远端向近端抹擦一遍)脚点(以动脚的足尖点在停脚的中部,两脚相距两拳) | 平中脘 | 次高(65度) | 次快(60～65) | 常式:①中丹田三开合;②膻中点穴三嘘息;③中丹田三嘘息 |
| 调息补气功 | 强(调)脾法 | 常式:①中丹田三嘘息;②中丹田三开合;③踏步右左九抽吸 | 一步半一个呼吸周期的两吸一呼走法。动作类似强肺法,唯动作幅度与速度都要适中,呼气时手捻(同上)用拇趾尖内侧缘(隐白穴)点地 | 平脐 | 中等(55度) | 适中(55～60) | 常式:①中丹田三开合;②膻中点穴三嘘息;③中丹田三嘘息 |
| 调息补气功 | 强(调)肝法 | 常式:①中丹田三嘘息;②中丹田三开合;③踏步右左九抽吸 | 三步半一个呼吸周期的四吸三呼走法。动作幅度稍小,速度稍慢。末呼时手捻脚点(用动脚的足尖点在停脚的后部) | 平气海 | 较低(45度) | 较慢(50～55) | 常式:①中丹田三开合;②膻中点穴三嘘息;③中丹田三嘘息 |
| 调息补气功 | 强(调)心法 | 常式:①中丹田三嘘息;②中丹田三开合;③踏步右左九抽吸 | 四步一个呼吸周期的四吸三呼走法。用幅度最小,速度最慢的行进方法。末呼时两手中指尖轻点一下手心 | 平关元 | 最低(35度) | 最慢(45～50) | 常式:①中丹田三开合;②膻中点穴三嘘息;③中丹田三嘘息 |
| 跷步运化功 | | 复式:①中丹田三嘘息;②中丹田三开合;③往返转体,三田八方开合 | 跷足,慢步缓行。每走九步做一个导引。走时要求脑子清净、洒脱自然,每走成双(两个九步两个九步的叠加功量),可取自然呼吸法 | 平脐 | 中等(55度) | 特慢(3～5) | 复式:①两田开合(3遍);②揉腹(正36圈,反24圈);③中丹田三嘘息。养气—收功 |
| 革滞功 | 加速的强肾法 | 简式:中丹田三嘘息 | 两步一个呼吸周期的两吸一呼走法。睁眼行走,脑静体松 | 平膻中 | 高摆(75度) | 特快(80～90) | 简式:中丹田三嘘息 |
| 革滞功 | 吹息速行法 | | 一步一吸,一步一呼的相互交替走法。两臂外摆(泄法)。症减即止。 | 平膻中 | 高摆(75度) | 特快(80～100) | |

## 四、临床验证

### （一）气功治疗高血压病的近期疗效

气功治疗高血压病早已为大家所知，并引起国内外学者的普遍重视。国内已有多篇报道。但大部分是在住院条件下，采用气功治疗或运用气功治疗仪进行治疗的临床观察。这里则主要讨论非住院条件下的自我锻炼性导引治疗对25 例高血压病的治疗作用观察。现将 1982 年 2 月至 1984 年 4 月观察结果报告如下。

1. 资料与方法

（1）治疗对象：25 例患者均经市以上医院确诊为高血压病。气功锻炼前又按国家诊断标准进行了复查，25 例患者其中男性 13 人，女性 12 人。年龄：43～50 岁 7 人，51～60 岁 14 人，61 岁以上 4 人，最大年龄 76 岁。病程：<5 年 6 例，6～10 年 13 例，11～15 年 4 例，>20 年 2 例。其中病程最长为 25 年。职业：干部 8 人，工人 16 人，医生 1 人。

（2）治疗前主要症状及体征：头痛（19 例）、头晕（17 例）、头涨（7 例）、视物模糊（4 例）、眼球胀痛（8 例）、健忘（6 例）、失眠（13 例）、乏力（5 例）、胸闷（10 例）、心悸（11 例）、肢体麻木（3 例）。

体征：舒张压 >11.97～13.30 kPa（90～100 mmHg）7 例，>13.30～14.63 kPa（100～110 mmHg）7 例，>14.63～15.96 kPa（110～120 mmHg）6 例，>15.96～17.29 kPa（120～130 mmHg）5 例；水肿者 3 例，肥胖者 8 例，体重在 65～94.1 kg。

（3）练功方法及观察内容：

1）以自我调节疗法中的“跷步运化功”为主功，辅助以“调息补气功”“站桩功”及“按头安神功”。练功中要求患者思想入静，躯体放松，自然深长呼吸。

2）要求患者保持乐观稳定的情绪，避免七情干扰、长期精神紧张及劳累。

2. 观察内容及方法　25 例高血压患者，均以观察练功前后舒张压变化的对比为主要指标。另依上述自觉症状及阳性体征的变化、改善程度，为我们观察的主要内容。

（1）测量血压的方法：一般以台式水银血压计坐位测量患者右臂肱动脉为准。练功前后的血压均连测 3 次（原则上是连续 3 天）。取中间一次定为治疗前或治疗后血压（如一次为 17.29 kPa、14.63 kPa、13.30 kPa，而我们取 14.63 kPa 定为治疗前后的血压）。在气功治疗过程中每周测量 1 次血压，做连续观察。25 例患者中，治疗前 10 例服药，练功后相继停服（仅有 1 例练功同时配合服药）。

（2）疗效评定标准：参照1980年8月河南省卫生厅有关河南住院患者治疗效果判定（试行草案），结合在户外观察患者的特点，制定评定标准，见表10－5－2。

表10－5－2 疗效标准

| | 舒张压 | 自觉症状 | 体重 |
|---|---|---|---|
| 治愈 | 降至正常 | 全部消失 | 达到或接近标准体重（kg）＝身高（cm）－100 |
| 显效 | 下降到正常或下降≥2.66 kPa（≥20 mmHg） | 大部分消失 | 体重有不同程度的下降（0.5～4.5 kg） |
| 好转 | 降1.33～2.43 kPa（10～19 mmHg） | 部分消失 | |
| 无效 | 同治疗前或升高 | 同治疗前或加重 | 不减反而上升 |

3. 治疗结果　25例患者经2～3个月气功治疗后，症状、体征多数显著好转。

（1）舒张压：25例患者练功前平均舒张压为14.94 kFa（112.05 mmHg），练功后下降为13.20 kPa（99.00 mmHg）。显效（含治愈）患者的平均舒张压气功治疗前16.40 kPa（123 mmHg），气功治疗后12.30 kPa（92.25 mmHg），练功前后对比有显著差异（$t=2.12$，$P<0.05$），见表10－5－3。

表10－5－3 治疗后舒张压变化数值kPa（mmHg）

| 练功后舒张压的变化 | 仍有13.30～13.90（仍在100～104） | 下降≥1.33～2.52（下降≥10～19） | 下降≥2.66以上（下降≥20以上） | 恢复正常 | 合计 |
|---|---|---|---|---|---|
| 例数 | 6 | 3 | 8 | 8 | 25 |
| % | 24.00 | 12.00 | 32.00 | 32.00 | 100.00 |

（2）症状：除3例肢体麻木症状未好转外，其余症状均有明显改善，见表10－5－4。

表10－5－4 练功前后症状对比

| 项目 | 头痛 | 头晕 | 头涨 | 视物模糊 | 眼球胀痛 | 健忘 | 失眠 | 乏力 | 胸闷 | 肢体麻木 | 多尿 |
|---|---|---|---|---|---|---|---|---|---|---|---|
| 治疗前（例） | 19 | 14 | 7 | 4 | 8 | 6 | 13 | 5 | 10 | 3 | 6 |
| 治疗后（例） | 2 | 3 | 0 | 1 | 1 | 1 | 1 | 1 | 1 | 3 | 4 |
| 好转率（%） | 89.47 | 78.57 | 100.0 | 75.00 | 87.50 | 83.33 | 92.31 | 80.00 | 90.00 | 0.00 | 33.33 |

（3）体征：观察8例肥胖患者的体重在练功后均有不同程度的下降，范围在0.5～4.5 kg，平均下降2.25 kg；此外，水肿、多尿各有2例好转。

（4）疗效：有效率（含治愈、显效、好转）92%，见表10－5－5。

**表10－5－5　治疗效果**

| 标准 | 治愈 | 显效 | 好转 | 无效 | 合计 |
|---|---|---|---|---|---|
| 例数 | 4 | 9 | 10 | 2 | 25 |
| % | 16.00 | 36.00 | 40.00 | 8.00 | 100.00 |

4. 对气功治疗高血压病机制的初步认识　西医学认为，高血压病与社会、心理、生物因素有关。很多学者认为，高血压病是由于长期精神紧张，引起大脑皮层抑制和兴奋过程失调，导致皮层下血管舒缩中枢失去正常调节作用，造成周围血管功能性或器质性改变而发病的。选择气功自我控制疗法中的“跷步运化功”与“调息补气功”治疗高血压病，主要是应用静功对大脑皮层功能的调节作用，对外界不良刺激的阻断和抑制作用，使皮层处于保护性稳定状态，消除精神紧张因素的作用。马有忠认为，气功除了对整个神经系统起到镇静作用外，还能解除小动脉的痉挛，使毛细血管扩张，外周阻力减小，从而使血压得以下降，这与实际观察的结果是一致的。不仅如此，练功中深长的呼吸还能引起自主神经功能的改变，加强血管的舒缩活动，增强血管壁的弹性。这可能是使具有多年高血压病史的患者，周围血管有某些器质性改变得以恢复的原因之一。

5. 讨论　高血压病是中老年人常见病，目前在治疗上特别是在稳定血压、巩固疗效方面还是难题。我们在气功治疗观察中发现以下几点。

（1）气功的锻炼对促进机体发挥自我调节功能具有积极作用。故坚持练功者对稳定血压，巩固疗效以及改善高血压病造成的不良后果具有肯定的功效。所以，气功疗法是治疗高血压病的一项较佳方案。

（2）以上病例均是在医师指导下经过自我修炼、自我调节疗法的患者中搜集的，观察项目有限。对25例高血压病患者未能进一步做到临床分期，但经实际观察，证明气功对各期的高血压病均有疗效。

（3）在用气功治疗高血压病的同时，观察到3例长期低血压患者，经气功锻炼后，血压上升至正常。根据气功可降低血压，亦可升高血压的客观事实，完全可以推理或认定气功对人体生理功能的调整是一种双向调节作用。刘元亮认为，许多研究证明气功通过意念、呼吸和姿势来达到祛除病邪、扶助正气、调整阴阳的目的，使人体生理功能向正常状态转化，从而达到治病目的。

**（二）气功治疗慢性结肠炎**

慢性结肠炎，是一种病因不明的结肠、直肠非特异性炎症性疾病，在慢性肠道疾病中发病率很高，且病情迁延顽固，目前又无特殊疗法。路世才教授于1981年8月至1983年10月先后在郑州市气功研究会所属的医疗气功辅导站对

13 例慢性结肠炎患者进行了治疗，现总结如下。

1. 一般资料　本组 13 例：男 8 人，女 5 人；年龄 20 ~ 40 岁 7 人，40 岁以上 6 人；病程 1 年以内的 1 人，5 ~ 10 年 7 人，10 年以上 5 人。所有病例，均经县以上医院确诊，并于气功锻炼前复查确诊。

2. 练功方法　采用自我调节中的跷步运化功为主功，辅助以强脾、强肾法，在做功中特别强调患者的思想入静和躯体的放松。同时，配合按摩导引法，取穴：中脘、天枢、关元、百会、足三里。练功期间，要求饮食清淡，忌食油腻、辛辣刺激性食物，调畅情志，保持精神的愉悦。

3. 疗效统计　13 例患者，通过 1 ~ 3 个月的导引功治疗，痊愈 6 例、显效 4 例、好转 3 例。练功前后对比：13 例患者均有腹泻、大便次数增多，治疗后 10 例消失，3 例无效；腹痛 6 例，全部消失；里急后重 7 例，5 例消失，2 例无效；脓血便、黏液便各 6 人，全部消失。尚有 5 例体重增加 2 ~ 5 kg，6 例食量增加。

4. 典型病例　李某，男，33 岁。患者多年来消化功能欠佳，4 年前因精神不悦，导致严重失眠，心情烦乱。进而引起肠胃严重不适，饱胀、泛酸，继之出现大便次数增多，4 ~ 5 次/天，伴有鲜血、黏液、腹痛、乏力、睡眠差、食欲不振、体重下降。近来失眠日益加重，精神萎靡不振，性情烦躁，经常盗汗，体力极差。1981 年 6 月，乙状结肠镜检查：纳入 25 cm，10 cm 以下有片状糜烂面及表浅溃疡，多处散在性大小不等之出血点。1978—1981 年，先后在西安、郑州等医院诊断为慢性非特异性溃疡性结肠炎。中西药疗效不佳。选用自我调节法治疗后，每天早晚练上述功法，每次 60 min。30 天后，腹痛好转，大便次数减少。87 天后，慢性结肠炎症状全部消失，食量由练功前 400 ~ 450 g/天增加到 525 g/天，体重由 55 kg 增加到 59 kg。精神饱满，心平气和，睡眠良好，体力大增。治疗后做乙状镜复检：仅见到在纳入 25 cm 深度、12 点处有两个针尖大小的陈旧性出血点，其余均正常。

**（三）病案一**

祝某，男，39 岁，汉族，汽车司机，已婚，1981 年 3 月 1 日就诊。主诉：腹痛、腹泻 10 余年，久治不愈。自幼脾胃虚弱，经常腹痛、腹泻，近 10 年来更为严重。曾到河南中医学院第一附属医院就诊，诊断为“泄泻”，脾胃虚寒型。服中药治疗，病情有好转，但总不能彻底治愈。现在大便每天 2 ~ 4 次，不成形，无脓血，其中两次集中在早晨。检查：发育良好，营养中等，神志清晰，精神一般，语言流畅，面无病容。舌质淡、苔白，脉细缓。

中医诊断：泄泻（脾胃虚弱型）。

西医诊断：慢性肠炎。

治疗：取自控气功的跷步运化功 + 调脾、调肾法。

采用上述功法，每天各练2~3遍。

自1981年3月1日起学练自我调节法，练功10天后大便即恢复正常，每天1次，腹痛消失。3年后随访，患者自述已完全康复，体质增强，已完全可以承受正常工作及家务劳动。

**（四）病案二**

张某，男，51岁，汉族，已婚，河南省西华县人，1981年5月24日就诊。主诉：气短、胸痛、乏力伴低热7月余。患者7个月前不明原因出现低热，2个月后发热加重，体温在39~40.4℃，伴乏力、气短、胸痛，动则气喘，食欲不佳。初就诊时诊断为"大叶性肺炎"，入某省级医院治疗，应用土霉素、罗红霉素、四环素等静脉滴注，治疗月余，仍不见退热，后改用雷米封、链霉素、利福平等抗结核药物治疗，体温降至38℃以下但仍有37℃以上的低热存在，之后多次拍摄X线片，病灶不见缩小，反而呈持续进展状态。后又摄片显示病灶内出现"团块状阴影"，怀疑有癌瘤存在，随即转往北京诊治。经北京首都、日坛等医院系统检查，确诊为肺结核、肺不张、胸膜增厚合并支气管扩张。又经北京结核病研究所附属医院检查，进一步确诊为左上肺干酪性肺结核，建议患者立即住院手术治疗。患者考虑到将进入夏季，且体质已十分虚弱，担心不能承受这样的大手术，离京返郑。患者坚持服用抗结核药物治疗，并于1981年5月24日到本站求助。现症见：神志清，精神萎靡，慢性病容，面色晦暗青紫，发育正常，营养差，体力不支，难以久立。两目深陷，呆滞无神。低热、胸痛、气短、动则气喘，食欲较差，体质衰弱。患病以来无咳嗽，少痰，无咳血史，夜眠尚好，二便尚调。舌质红、少苔、少津，脉细数无力。

超声波检查：发现左侧胸腔第2、3、4肋间，锁骨中线到腋后线处有液平面，厚4 cm，距皮1.5~2 cm（河南省人民医院，1981年4月7日）。

穿刺涂片：炎性坏死组织，未见癌细胞。病理切片：坏死组织及上皮样细胞团，倾向肺结核（河南省人民医院，1981年4月10日，病理编号：810615）。

支气管镜涂片：镜下见多呈柱状上皮细胞，有红细胞，涂片中未找到癌细胞（北京医院，1981年4月30日，病检号：17879）。

肺功能测验：通气功能良好（北京市结核病研究所附属医院，1981年5月14日）。

左上肺选择性支气管造影：见左肺上叶各支气管均充盈，但有明显收缩、迂曲，其远端有较多不规则的扩张，呈粗细不匀状。外围可见胸膜增厚表现，该区未见确切之结节状块影及支气管阻塞现象。综上所见，结合外院胸片及断层片考虑左上肺有收缩、不张，并有轻度支气管扩张，左上胸膜增厚，左上肺结核，肺硬变（北京首都医院，1981 年 5 月 13 日，X 线号：33808）。

痰培养：找抗酸杆菌，结果共查 4 次，2 次阳性（北京结核病研究所附属医院，1981 年 5 月 17 日）。

中医诊断：肺痨（气阴两虚，兼有瘀血阻滞）。

西医诊断：①左肺干酪化肺结核（干酪性肺炎）（北京市结核病研究所附属医院）。②左上肺结核、肺硬变、左上胸膜增厚、轻度支气管扩张（北京首都医院）。

治疗方案：

（1）药物：继续使用抗结核药物治疗。

（2）食疗：进食益气养阴类食物，如百合、山药、甲鱼等。

（3）隔离治疗：远离其他学员，单独教功与练功。

（4）气功处方：采用“人体生命再生工程”（自我调节疗法）为主功进行治疗，但应严格控制活动量和练功动作幅度。

1）每晨练调息补气功中的调肾法和调肺法，总时间为 1 h。

2）白天与晚上练不配合呼吸的跷步运化功，总时间 2 ~ 4 h。注：练功中要求动作幅度（尤为开合动作）应较常人为小；宜采用少量多次的练功方法。

3）最后半个月加练肺部对症导引法。

（5）治疗经过与疗效观察：患者在家属的支持与协助下，积极认真地学习、练功。1 周以后，患者两手便有了“得气”感觉（从指尖到手腕有发麻和蚁行样感觉产生）。半个月后食欲增加，精神好转。两个半月后，不再有低热和不适，体重增加了 1.5 kg，练功前晦暗青紫的面色逐渐变白润而微透红色。血沉练功前为 33 mm/h，练功后为 2 mm/h。1981 年 7 月，拍摄 X 线片复查，片中显示左上肺大面积病灶绝大部分已被吸收消散，仅第 1、2 肋间尚存一些散在病灶。

治疗后经随访得知，患者在坚持练功的情况下，病情逐渐好转，1 年后恢复工作。之后随访多年，未见复发，且健康状况良好。

**（五）病案三**

党某，女，42 岁，汉族，工人，已婚，河南孟州市人，1981 年 3 月 6 日就诊。主诉：疲倦无力，白细胞低下 15 年。患者素体虚弱，倦怠无力，经常感冒，感冒时发冷而无发热，关节酸痛。1966 年夏在郑州市一院检查发现白细胞 $2.3\times10^9/L$。骨髓检查：白细胞增生极度低下。1967 ~ 1969 年曾住院治疗，经服中西药物调理，出院时白细胞增至 $3.8\times10^9/L$，但一直未能完全治愈。后经郑州某医院复查，白细胞又下降至 $1.5\times10^9/L$。望诊、闻诊、切诊：神志清，面色苍白，行动自如，语言清晰，皮肤无异常斑点，舌质淡、苔黄，脉细缓。

中医诊断：虚劳。

西医诊断：①白细胞减少症；②低血压。

治疗方案：

（1）一般治疗：①查找致病因素并预防。②生活规律，防止过劳，保持愉快心情。③合理营养，多吃蔬菜。

（2）气功处方：①调息补气功的调脾、肝、肾法，每天各 3 遍。②跷步运化功，早晚各 1 遍。

**表 10－5－6　导引治疗前后的主要病情变化对比**

| 治疗情况 | 治疗前 | 治疗后 |
| --- | --- | --- |
| 症状与体征 | 倦怠无力 | 体力有明显增强 |
| | 经常感冒，感冒时发冷无发热 | 感冒减少，练功半年后（随访资料）感冒时可发热至 39 ℃ |
| 脉搏（次/min） | 60 | 68～70 |
| 血压 kPa（mmHg） | 11.97/6.65（90/50 mmHg） | 13.3/7.98（100/60 mmHg） |
| 体重（kg） | 45 | 45 |

**表 10－5－7　导引治疗前后血液化验结果对比**

| 治疗前 | | 治疗后 | |
| --- | --- | --- | --- |
| 检查日期 | 项目与结果 | 检查日期 | 项目与结果 |
| 1981 年 2 月 | WBC（白细胞）：$1.5\times10^9$/L<br>RET（网织红细胞）：0.3% | 1981 年 4 月 | WBC：$2.6\times10^9$/L<br>RET：0.3% |
| | | 1981 年 5 月 | WBC：$3.2\times10^9$/L<br>RET：0.5% |

**（六）病案四**

邵某，女，44 岁，汉族，已婚，仓库保管员，河南省新安县人。主诉：久立或咳嗽时右腹股沟处出现一圆形肿物 10 年余。10 年前，患者在一次担重物的劳动中不慎滑倒，全身突然用力后，右下腹出现剧痛。随之，右侧腹股沟处出现鸡蛋大小的肿物，平卧位可消失。此后，凡站立较久，或咳嗽用力时便会出现，未行治疗。患者素体较弱，近两年患肩周炎，出现四肢疼痛麻木，运动不灵活、乏力等现象。

查体：发育正常，营养中等，身体瘦弱。右侧腹股沟内侧有一鸡蛋大小的肿物，质柔软，舌质淡、苔薄白、有齿痕，脉细弱。

诊断：腹外疝（直疝）（气虚下陷型）。

治疗方案：

（1）生活调理：注意防治感冒，咳嗽；保持大便通畅；注意休息，不做重体力劳动，加强营养。

（2）导引处方：①跷步运化功，每日早晚各 1 次，下丹田开合取中高位；②调息补气功的调肺法、调脾法，上午、下午各 1 遍。

治疗效果：1981 年 5 月 4 日开始采用自我调节法练功治疗。练功 1 个月以后，腹股沟处肿物消失，咳嗽、活动时亦不再出现。1981 年冬停止练功后，腹外疝复发。1982 年 3 月再次用自我调节法治疗，1 个月后，该病再次治愈。

**（七）病案五**

姜某，女，36 岁，汉族，已婚，浙江省人。主诉：头晕、心慌、四肢无力伴全身时冷时热 9 年余。9 年前患者曾做护理工作，因工作紧张及家务负担沉重而积劳。1972 年 2 月，突发双下肢沉困无力，休息未见好转。之后精神变差，纳食欠佳，失眠多梦，时有腹泻，逐渐消瘦。半月后，两腿出现许多小米粒至蚕豆大小的紫色斑点，持续半年左右。同时伴有心慌（心率 120 次/min）。曾到某医院检查，除出凝血时间稍长外未发现其他异常。1974 年 4 月开始出现腹泻，大便有暗红色血液，牙龈出血，月经量增多，伴有上下肢伸侧蚕豆大小的紫斑，腰腿疼痛，全身乏力，浮肿，伴有低热，喉部有异物感，厌食，严重时数日不进食物。2 个月内，体重由 64 kg 降到 40 kg，自觉心慌胸闷、气短乏力、心前区有疼痛，手指、口唇青紫。时有寒热，烦躁，出汗，头面、四肢发麻。经多家医院诊断为“自主神经功能紊乱”，曾服用谷维素、心得安、地西泮、维生素 $B_1$、维生素 $B_6$、维生素 C 及中药小柴胡汤、逍遥散等，效果不佳。近年来体重有所上升，但表现为虚胖，体虚无力，不能胜任洗衣、购物等日常家务劳动，记忆力差，工作由护理调至设计院描图。其间病休 4 年，现勉强维持工作。近几年又出现对水过敏，洗脸时出现脸肿，洗澡时出现全身发紧，喉部紧缩。现症见：头晕、头痛、头麻，心慌、心悸、气短、胸闷，全身酸痛、四肢无力，面部、下肢浮肿，口淡、无味、口干、咽燥而不欲饮，失眠、多梦，记忆力差，大便每天 2 次、便溏、有泡沫，善太息，舌质淡、苔白、边有齿痕，脉细弱。

既往史：1969 年 10 月 4 日，西安某医院做 X 线检查时发现右侧第 1 肋间外侧有小片状阴影，诊断为右上肺Ⅵ型肺结核。1974 年 12 月 8 日，因阵发性心动过速半年余到西安某医院门诊检查：血压 15.96/10.64 kPa（120/80 mmHg），心界不大，心率 120 次/min，律齐，心尖Ⅱ度收缩期杂音。心电图示：心率 120 次/min，窦性心律，律齐，各导联 T 波均低平。1975 年 1 月 22

日查出黄疸性肝炎，出现肝区疼痛，纳差，恶心，到西安某医院检查：肝肋下2 cm，质软，压痛阳性，脾肋下未触及，谷丙转氨酶：280 u。经在河南某医院中医门诊行中药调治而痊愈。1981 年 8 月因外伤导致轻度脑震荡，头晕、头痛，记忆力减退，未予治疗。

心电图：大致正常心电图。脑电图：两半球有较多的低幅复型慢波及一些θ波，右半球占优势。右颞中（$T_4$）处有局灶，提示该区有损害。尿常规：蛋白阴性。镜检：红细胞（+），白细胞 0~2 个，管型（-），血小板 9.0×$10^9$/L。囊虫补体结合试验（-）。

中医诊断：虚劳（心脾两虚型）。

西医诊断：自主神经功能紊乱。

治疗方案：本着健脾养心、益肺壮肾原则，注意生活调理，培养乐观情绪和坚强意志；设法改善工作和生活状况，缓解压力。

气功处方：①跷步运化功作为主功，每天 3 次，下丹田开合的下蹲导引动作架子升高，量力而行。②调息补气功，练调心、调脾、调肺、调肾法，每天 2 次。

治疗情况：1981 年 3 月 1 日开始，采用自我调节法进行治疗。第一期，在心血管病组，3 个月的练功治疗中，因患者记忆力差，患者心绪不稳定，所以，病情无任何变化，但患者坚定地要求到杂病组参加第二期的学功治疗。第二期，练功到 6 月初，一直难以平静的心绪开始平静下来。6 月中旬（第二期练功 1 个半月后），患者练功时出现手脚麻胀等“得气”感觉。练功的前 1 个月体重减轻了 1.5 kg（以前身体胖且肿胀）。3 个月后，体重下降 3.5 kg，全身肿胀基本消失。精神逐渐好转，体力日益增强，已可承担如洗衣、购物等家务劳动。

经第二期 3 个月的自我调节法治疗，患者食量增加，腹泻停止，对水过敏的现象消失，注意力、记忆力都明显增强，晚间已停服安眠药，情绪稳定，心情开朗，已恢复至病前的状态。

**（八）病案六**

汪某，女，56 岁，汉族，营业员，河南省杞县人，1982 年 3 月 4 日就诊。7 年前（1975 年），患者发现患高血压病，平时血压在（23.94~25.27）/（13.30~14.63）kPa（180~190/100~110 mmHg），且不稳定；血压高时，出现头晕、头痛、全身乏力等症状，常年服中西药物，病情时轻时重。经医院检查，发现同时患有心、脑动脉硬化，气管炎，肩周炎等病症。近 1 年来病情加重，性情急躁，经常头痛、头晕、失眠，四肢酸困无力，动则心慌，气短，胸闷，胸痛，脸部浮肿，臂痛。因药物治疗效果欠佳，故欲选用气功治疗。

当前病情：心率 62 次/min，血压 23.94/14.63 kPa（180/110 mmHg）。舌

质紫，脉沉细。

中医诊断：①头痛（肝肾亏虚型）；②胸痹（阴阳两虚型）。

西医诊断：①高血压病；②冠心病；③脑动脉硬化。

气功处方：①跷步运化功，每天2次；②调息补气功的调心、调肝、调肾法，每天2次。

练功实施情况：患者坚持每天早上5时30分起床，练功1 h以上，下午或晚上再练1次（表10－5－8）。

**表10－5－8 气功治疗前后病情变化对比**

| 治疗前 | 治疗后 |
|---|---|
| 失眠多梦 | 睡眠正常 |
| 血压高23.94/14.63 kPa（180/110 mmHg） | 血压正常15.96/10.64 kPa（120/80 mmHg） |
| 肩部疼痛 | 肩痛依旧 |

**（九）病案七**

李某，男，46岁，汉族，机关干部，河南省新安县人，已婚。主诉：失眠、烦躁、记忆力下降、思维迟钝2年多，久治难愈。现病史：2年前因工作任务繁重，思想负担过大，导致严重失眠，伴心烦意乱，记忆力下降，思维迟钝。到北京某医院就医，诊断为“抑郁症”，令服“美舒郁”“劳拉西泮”等抗抑郁药，配合中药调理，病情好转。后调到县某局任主要领导，复因工作繁忙，人事关系复杂，导致心烦、失眠的旧症复发。于2005年4月到河南某医院进行针灸、按摩、耳针、贴敷等治疗，精神好转，睡眠改善，但仍多梦、头昏、精神萎靡不振。于2005年5月28日要求气功治疗。现症见：消化吸收良好，大便每天1次，正常便。小便2～3次/夜。严重失眠、精神不振、头昏、心烦、记忆力差、思维迟钝、眼部发紧、耳鸣、性功能较差、遗精。查体：发育正常，营养中等，精神萎靡不振，语言清晰，面色晦暗。脉弱、左寸脉及双尺脉沉细。舌质淡、薄白苔、边齿痕显著。

中医诊断：不寐、健忘、郁症。

西医诊断：抑郁症。

治疗：①精神、心理调整，平衡心态，养成有张有弛的工作习惯，丰富生活内容，避免过劳（尤为劳心）。②气功处方，选自我调节法。第一阶段，学练调肾、脾、心法；第二阶段，学练跷步运化功。

气功治疗经过：自2005年5月28日起，患者用8天时间学完了第一阶段的功法。练功18天后（每天坚持早、晚各练功1次，每次1 h）初见成效，睡眠质量提高，精神转佳，面色改观。练功31天后，病情全面好转，取得显著效果。此时睡眠进一步改善，精神饱满，头脑清晰，思维能力增强，面色好转，耳鸣明显减轻，性功能改善，身轻。

7 月 5 日嘱其增加功量，要求每天练功 3 h，分 2 ~3 次完成。

练功 38 天后，已能停服西药，保持平稳睡眠，思考、记忆力明显改善，性功能增强，长久以来不再遗精。别人公认其面色大有改进，但仍感眼紧耳鸣。

两个半月后学习了第二阶段的功法。已达到不吃药基本保持正常睡眠，精神和全身状况进一步好转，疗效基本巩固。

跟踪观察到 2013 年 3 月。7 年来，患者能自觉坚持练功，每天约 2.5 h，实现了在不服药的情况下，保持正常睡眠，且头脑清晰，思维敏捷，并能经受紧张工作的考验，自感像进入了生命的春天。但 3 年来曾因出差、工作过忙等原因停止练功或喝酒太多等，出现再度失眠、旧病复发的情况。经过恢复练功，过一段时间就又调整过来。患者十分欣慰地认为自己学会了靠练功治疗、维护自身健康的本领。

## 第六节　八段锦（路式）

八段锦，是由八节动作编成的一套具有强身保健作用的动功锻炼方法。之所以用“锦”来为其命名，既是指它用八节不同的动作编成，又是指它因歌诀明快、术式简单、易学易练、老少皆宜，且各节都与脏腑功能相关，有明确的保健医疗作用，所以，人们像热爱古雅精致、绚丽多彩的丝织品——锦那样爱它。

据研究气功史的学者们讲，八段锦从北宋末年开始流行，南宋初年有人编集，具体创编者不详。在长期流传的过程中，形成了多种流派，归纳起来可分为南北两派。北派托岳飞所传，动作难度较大，以刚为主，多取马步姿势，又称武八段。南派附会梁世昌所传，动作难度较小，以柔为主，多用站式，故又称文八段。在流传过程中，术式歌诀的用词不断修改，经南宋初期、金元时期、清光绪年间 3 次大的变动，才逐渐形成当今这种内容。即便当今各地流传的歌诀内容相近，做法上也不尽相同。今介绍给大家的是家父在我 6 岁时传授给本人的术式，一直操练至今。在我长期修炼此法的过程中，除首先考虑医疗养生的需要之外，亦从武术内家拳、书法及京剧艺术等众多爱好中汲取营养与精华，丰富改进了我原学之法，形成了一种别具特色的操练风格。

八段锦动作刚柔相济，以柔为主。呼吸匀细轻柔，意念清淡，与动作结合，具有活跃气血、疏通经络、调理脏腑、强筋壮骨、强身健体的功效。尤其适用于中老年人，也可供推拿、骨伤科医生作为提高自身体质的基础功经常操练。

预备式：并步直立，两眼平视前方，下颌微收，舌抵上腭，两臂自然下垂，手心向股，两腿及足跟并拢，脚尖微分。整体上做到身正体松，平心静气。

## 一、两手托天理三焦

### （一）操作（图10－6－1）

1. 动作

（1）从并步直立的预备姿势开始，两手自体侧缓缓上提。

（2）提至腰际时翻腕（掌心自内侧翻向上方）。

（3）两掌自身体两侧轻缓地托到腋前。

（4）腋前旋腕：两侧手掌托到腋前高度时旋腕，即两手如托盘状外旋（指尖由内→前方→外侧→后方→内侧，旋转1周）。

（5）耳侧上举。腋前旋腕完成之后，沿头颈两侧加力向上托举。托举的同时，两足跟慢慢地提起，同时头后仰，眼观两手背。当两臂伸直之时，两足跟也提到最高点。这时宜稍做停顿。

图10－6－1

（6）两手自体侧缓缓落下复原。两掌托至最高点，两足跟提到最高点时，略做停顿，之后，两手自体侧缓缓落下，两足跟也渐渐落地。

如上述，一次手起至手落算1遍，共做3遍。

2. 呼吸　①两手上提，直至托举到腋前的一段，取自然呼吸；②两掌自耳根沿头颈侧方上托的过程，缓慢地深吸气，头顶停顿时闭气；③两手下落时，缓缓地长呼气。

3. 意念　仅在两手从耳根托向头顶的一段设想，两掌上托有重物，用力托举，直到送上能稳妥放置的地方。其他过程，全是轻缓而不用力也不加任何意念的。

### （二）作用

（1）两臂托举，伸展身躯的导引动作和有节奏的深呼吸，首先具有促进胸、腹、盆腔内器官运动的作用；器官的运动，还可间接改进这些体腔内静脉血的回流，改善血液循环，活跃内脏器官的功能，所以称其有调理三焦之功。

（2）努力上举，可锻炼臂力。

(3) 两足跟上提，可增强下肢肌力，矫正扁平足。

(4) 托举、伸躯、仰视等动作对上肢、颈、背腰部的肌肉、骨骼、韧带等都有调理作用。所以，可以用来防治颈椎病、肩周炎、腰腿痛等病症。

## 二、左右开弓似射雕

雕，又名鹫，是一种猛禽。本节动作是模仿用强弓射高空盘旋的大雕。这一节采取比较独特的左右弓步和回身仰射的做法。

**(一) 操作 (图 10 -6 -2)**

1. 动作

(1) 左脚向左前方跨出一大步→右手提弓，左手取箭→端弓搭箭→左腿渐变弓步，压低；右腿蹬地，上身同时渐向右后转身，右手掌向右后上方推弓，左手屈指向左平拉“弓弦”→ 拉满弓之后，屏息、瞄准、松指放箭。

图 10 -6 -2

(2) 起身休整，手臂垂放体侧。

(3) 重复 (1)、(2) 动作，连续放出 3 箭。

(4) 收回左脚，右脚向右前方迈出一大步。

(5) 换手、换方向，做射箭动作 3 次。

(6) 收回右脚，复原结束。

2. 呼吸　弓步开弓时吸气。瞄准时屏息。放箭后起身时呼气。其他时间自由呼吸。

3. 意念　意想身后高空飞来一恶雕，挽强弓用最大的力量拉满弓去射杀它。射后放松，休整。

**(二) 作用**

(1) 弓步、展臂挽弓的动作，具有增强四肢、颈项、躯干肌肉的作用。

(2) 舒臂扩胸动作有加强呼吸、促进血液循环的功能。

(3) 转身后射的转腰动作有壮肾作用 (腰为肾之府)。

## 三、调理脾胃须单举

**(一) 操作 (图 10 -6 -3)**

1. 动作

(1) 从并步直立开始，先将左手缓缓上提至左腰间→翻掌 (使手掌心渐渐转向上方) →沿体侧托向腋前→保持掌心向上姿势旋腕 1 周 (左手指尖，从指向内→向前→向外→ 向后→向内的顺序旋转 1 周)；左手旋腕的同时，下垂的右手缓缓提向腰部，跟着翻转右手使掌心向下→左掌从耳根沿头颈侧面加力上托（此时左掌心向上，指尖向右）。左掌上托的同时，上提至腰间的右手下按（右掌心向下，指尖向左）。右掌按至右胯旁。

（2）左手掌近乎伸直之后，从身体左侧缓缓落下；左手下落的同时，右手开始上提。

（3）右手提到腰部翻掌→托到腋前时旋腕（方法如左手）；右手旋腕的同时，已落至最低处的左手开始上提，提至腰间时翻掌心向下→旋腕后之右手自头颈侧面加力上托（此时右手掌心向上，指尖向左）；右手上托的同时，已提至腰部的左手下按（此时左手掌心朝下，指尖向右）。

图 10－6－3

（4）右手掌托至右臂近乎伸直时，开始自身体右侧下落；右手一落，左手就又开始上提。

（5）按上述方法，左、右交替上举，左右手各举3遍，即可结束。

2. 呼吸　与两手托天理三焦的呼吸方法一样，只不过是变成单手上托进行罢了。

3. 意念　一手上托，一手下按时，心想胃肠、肝胰等消化器官，顺应身体得到最大的舒展。它们的血脉极为畅通，营养充分，健康增强。

**（二）作用**

（1）两手上举下按和手腕的反复旋转，有利于手三阴三阳经脉的畅通，有利于上肢血液循环，并对上肢肌肉是一个很好的锻炼，适于治疗肩周炎等病。

（2）两臂交替上举下按及上下相反方向的拉动运动，除促进肺的舒缩呼吸功能外，主要对腹腔的肝胆、脾胃、小肠等是一种牵引作用，有促进肠胃蠕动、增强消化功能的作用。对于胃肠等消化器官疾病的防治有一定的辅助作用。

## 四、五劳七伤往后瞧

预备式：左脚向左横跨一步，两腿分立，两臂下垂，头身正直，目视前方。

**（一）操作（图10－6－4）**

1. 动作

（1）两脚站稳，下半身稳固不动，上半身向左旋转，两臂随身体转动缓缓摆起→右手摆向身体的左前方，伸掌下压；摆右手的同时，左手也向右后方摆动→以左手背贴在右腰部，护腰，使上身最大限度地左旋，待旋不动时，头颈微下俯，目视双足跟。

（2）目视足跟之后，缓缓向右回旋，左手外撑下按，右手护腰，转至尽处，头俯视足跟。如上交替侧旋、俯视足跟，每方向俯视 1 次算 1 遍，共做 6 ~ 9 遍。

2. 呼吸　侧旋提臂时吸气→俯视双足时闭气→落臂回旋时呼气。

3. 意念　随身体旋转拧身，想躯体的骨骼、肌肉及体腔内脏都得以疏理、调整。

**（二）作用**

图 10 –6 –4

（1）旋转俯视有运动和增强眼肌的作用。

（2）躯体的旋转，外可以调理骨、关节、肌肉、韧带；内可以疏导体腔内脏，平复其劳伤，促进消化。可用于治疗颈椎、腰椎疾病，关节轻度错位，肌肉韧带劳伤等。

（3）头颈、脊柱旋转，可活动脑与脊髓及相关神经，所以有醒脑、使神经通路畅通活跃的功能。

## 五、摇头摆尾去心火

预备式：向左跨出一大步（宽度 3 ~4 横脚），垂臂站立。

**（一）操作（图 10 –6 –5）**

1. 动作

（1）向左摆头：先弓右腿，上身俯向右膝，两臂呈抱球状摆向身体右前方→由右弓步，重心左移，逐渐变成左弓步，上身随之向左摆动，当头部摆到前方时，颈项用力前伸→渐渐变成左弓步时，头也摆至左侧，此时趁势向左旋转头颈，两目注视右后上方的天空（近似武术的“犀牛望月”式），右手示指平眉梢右掌外撑。左手按向左胯旁，指尖向前，掌心向下。

（2）向右摆头：接左摆头最后的望月式，向右回转→先弓左步，上身俯向左膝，两手呈抱球状在体前维持平衡→向右弓步倒换重心，上身摆至右膝上方时起身，向右旋转头颈两目注视左后上方的天空（呈望月式）。此时，左臂提起，左手示指平眉梢用左掌外撑，右手掌在后下，掌心向下按向右胯旁。按上述方法交替向左、右摆头，

图 10 –6 –5

共做6～8遍。

2. 呼吸 向下俯身向对侧摇头转身时慢慢呼气。起身抬头时吸气。向空中望月时做短暂停闭。如此反复进行。

3. 意念 全身放松，想象自己的身体似一条龙或一条鱼，在云雾中或在水中，以脊柱为轴，头尾相应随身体做摆动、嬉戏。

**（二）作用**

（1）本节练功以轻松自如的身心做连续的身躯摆动，并延长呼气的操练，具有松弛精神、平抑交感神经兴奋的作用。通常认为“心火”就是交感神经紧张、兴奋的具体表现，因此本功有祛心火的作用。

（2）本节为全身性动作，锻炼有强身和调理周身的作用。

（3）摆动身躯的核心是脊柱的运动，所以更直接的是调理脊柱，练功时，强调俯身前摇时，颈部尽力前伸，还可用于治疗颈椎病。

## 六、背后七颠百病消

预备式：并步直立，两臂自然下垂，目视前方。

**（一）操作（图10－6－6）**

1. 动作

（1）缓缓向左侧转体，两臂随之自然摆起，左手摆向身后，以手背向前托腰，右手缓缓提向额前，以右手虎口处，向后压前额（左手前托，右手后压是为了保持身体平衡）。在身体旋转、两臂移动的同时两足跟慢慢拔起。提到最高处，头微下俯，眼观双足跟稍做停留。

（2）两足跟提至最高处，稍做停留以后，两足跟便缓缓下落。足落手也落下，继而右侧转体，右手后摆托腰向前，左手提向前额后压；转体的同时，两足跟随之缓缓提起。以后做法同向左侧转体的做法。

图10－6－6

按以上方法，转体、踮脚、提臂，双足每踮起1次，算1遍，共做7遍。

2. 呼吸 转体、提臂、足踮起时吸气；足跟提至最高并稍做停留时，屏住呼吸，回转及手臂、足跟落下时呼气。

3. 意念 保持平稳愉悦的心态，身体轻松缓慢地旋转起落，气血活跃、经络畅通、阴阳调和，百病得消。

**（二）作用**

（1）在宁静的心态下，随呼吸导引，有控制地躯体旋转，高提足跟并维持平衡，这使大脑及整个神经系统在指挥躯体保持平衡中得到锻炼。躯体旋转还可促进血液循环及脑脊液的循环，从而改善神经系统的营养与功能。指挥系统强健了，全身器官都会受益，故有消百病的功效，亦即中医所说的“主明则下安”。

（2）高抬足跟的动作，对小腿后外侧群肌肉及足底肌、韧带都是一种很好的锻炼，这对扁平足的治疗大有益处。

## 七、攒拳怒目增气力

预备式：向左横跨一步，平站。两手握空拳，抱在腰间，拳心向上。

**（一）操作（图10－6－7）**

1. 动作

（1）攒左拳：①运内力灌注左上肢全臂；②腰间的左拳向后上提起，边提边内旋，提至肩的前上方时，变拳心向下；③接着左拳向右前方缓缓打出，边出拳边下蹲成马步；④拳冲出的最远点在肘关节将要伸直而又尚未伸直的地方，此时，眼圆睁（虎视），上、下牙咬紧，双拳攒紧，力贯全臂；⑤旋转撤拳，收回腰间，拳心向上。

（2）攒右拳：方法同上述攒左拳的方法，唯换右拳，向左前方冲出。

如上法，左右交替攒拳，每冲出一拳算1遍，共6～9遍。

图10－6－7

2. 呼吸　拧臂马步冲拳时呼气，旋臂起身撤拳时吸气。

3. 意念　先设想面前有一道道障碍物需要击翻。然后用意念调动内力，自下肢向腰椎，最后到达出击一侧的上肢，缓缓加力打出，到上臂将要伸直时击中障碍物，此后，全身放松蓄力。如此左右轮替出击，直至打翻所有障碍物。

**（二）作用**

（1）本节有节奏地紧攒双拳，脚趾用力抓地，全身用力，怒目圆睁，这种状态实际是交感神经兴奋的状态，交感神经兴奋势必引起心跳加快、加强，支气管扩张，呼吸加快，所以有促进血液循环、呼吸功能增强的作用。

（2）动作还有增强四肢、腰背甚至眼肌的作用，故有强筋壮骨、增强肌力的功效。

## 八、两手攀足固肾腰

预备式：并步直立。

**（一）操作（图10－6－8）**

1. 动作

（1）从并步直立开始，体躯背伸，两臂向后下舒展。

（2）两臂自体后缓缓上挥。

（3）挥至头顶后翻掌（掌心向下）从头顶→面前下落。

（4）当手落至胸前后，两掌边下按，边躬身弯腰。

（5）两掌尽力下按，过膝、小腿、两足。

（6）两掌从最低处缓缓提起，同时竖腰直身，待直立之后，再次舒臂、体躯背伸，挥臂向上躬身下按。

图10－6－8

如上反复，每下按1次，算1遍，共做3～6遍。

2. 呼吸　舒臂、体躯背伸时吸气，下按时呼气。

3. 意念　可轻轻意守肾俞或两肾。

**（二）作用**

（1）躯体的屈伸可使腹腔内脏进行被动运动，有活跃脏器功能、促进血液循环的作用。

（2）中医认为，肾为先天之本，藏精之脏；腰为肾之府，活动腰部有强肾作用。

（3）前俯后仰的动作，主要为脊柱的屈伸，脊柱屈伸势必牵动脊髓及其被膜，近而活跃脑脊液的循环和血液的循环。这将有利于脑与脊髓的营养与功能。

（4）有疏通任、督、带脉的作用。

总之，本节有益脑（脊）、强腰、壮肾、明目及锻炼腰背肌和腹肌的作用。

**（三）注意**

（1）有高血压、动脉硬化的患者做本节功时要轻缓，俯身不可过猛，头不宜过低。

（2）高度近视患者，不做本节和摇头摆尾一节，以防视网膜脱落。

## 第七节　增视功

### 一、简述

我们知道，一个人视力的好坏，对其学习、工作和生活都至关重要。所以，人一生如果能保持一双视力敏锐的眼睛，那将是一种莫大的幸福。

不幸的是，随着物质文明的发展和生活水平的提高，近视、白内障等眼病反而日趋增多。“老花眼”的发病年龄也在日趋提前。这是什么原因呢？笔者认为，这是由于当今的人们，尤其是广大的青少年学生，食物过精（或择食）、安逸少动、沉溺电视、陶醉于电脑游戏、生活放纵、忽视眼的保健和用眼卫生造成的。如能注意克服上述人为因素，积极防治，是完全可以避免或大大减少患眼病的概率的。

为了维护眼睛的健康，积极防治常见眼病，我于1981年设计了一套专门用于增进眼睛健康和防治多种眼病的“增视功”疗法。这是一种典型的自练型医疗气功。它以严格的医学理论为指导进行设计，并通过大量的临床实验证明，其防治作用显著并且安全可靠。它不同于其他类似疗法的主要特点是整体治疗，遵照中医学的理论，着重调理与眼睛健康关系最密切的心、肝、肾三脏的功能。并考虑到现代医学的屈光学原理，增设了古代没有的导引方法，来治疗屈光不正性眼病（如近视、远视和老花眼等），由于它具有促进眼内外血液循环、改善眼睛营养、增进眼睛生理功能的作用，所以，还可试用于老年性白内障的早期、共同性斜视、老年性动脉硬化性视网膜病变等病症的辅助治疗与促进该类病症的康复。增视功更是一种维护和提高正常眼睛健康水平的有益方法。

自1982年以来，增视功主要用于近视眼的防治方面。我会同本院眼科、内科部分教授及富有近视眼防治经验的省卫生防疫系统的学校卫生工作者，建立了专题研究组，在河南省的郑州、新乡、济源、平顶山、驻马店等市县，对1 712名中学生先后用了5年多的时间，分批进行了严格的试验观察，均获得了良好的防治效果。各地防治近视的综合疗效是67. 67%～89. 13%；对707例假性近视的平均有效率为73. 21%，最佳疗效达94. 44%；用增视功防治期间，近视眼的发病率降至11. 97%的较佳水平（同期全国中学生的近视发病率为30%）；对近视患者的屈光度也有明显改善作用。经3个月治疗之后，屈光度平均下降0. 23～0. 467 8 D；实验中各种疗效指标，均比做眼保健操的对照组高2～3倍。该项研究经全国医学气功专家及省内眼科、中医内科等专家鉴定一致确认，并于1987年12月被授予河南省医药卫生科技三等奖。增视功功法和防治近视眼不同时期的实验论文，曾参加市、省、全国以及国际性气功学术会议进行学术交流，获广泛好评，并先后被《中国气功学概论》《中华气功大全》《屈光不正与中医疗法》《中医气功学》《炁理》《中国气功》《中华气功》《河南中医》《眼科新进展》《中医研究》等30多种书刊收集与发表。河南电视台1985年8月在《服务窗口》栏目中，曾对本功做过专题介绍。作者还曾接受全国29个省、直辖市，以及美国、德国、意大利、瑞士、韩国、日本、澳大利亚等国关心此专题的人士及患者的咨询或专访及进行学术交流。增视功疗法曾被河南省中医学会，以及省和市的气功科研会，省卫生防疫站，省人民银行，省计经委，省内部分大、中学校组织学习推广。

参加过对本疗法科研鉴定的专家，做过学术交流的医学气功界同行，以及参加过本功法实验或推广的同道们普遍反映，增视功疗法具有设计严谨、系统全面、疗效显著、舒展大方、安全省时、经济主动、易学易练、简便实用等优点。适合在广大青少年学生及用眼精细操作的科技工作者、工人、军人、商业界人士等人群中普及推广。

1987年以后，作者又对原功法进行了强化与改进。近年来临床应用改进型增视功疗法的实践证明，本疗法对中高度近视眼的疗效又有新的突破。我们经治了一批千度以上的超高度近视患者，居然有一半以上的患者获得了显著的疗效。我们在医疗实践中，运用增视功疗法，还对其他眼病的防治进行了研究与探索。

我们真诚地希望与医学养生界的同仁携手并进，为控制与消除近视眼，为防治危害人们健康的其他眼病，为增进人类眼睛的健康水平，做更多有益的工作，做出更大的贡献。

## 二、练功方法

练功之前要求去镜、脱帽、剪短指甲并洗净手脸。练功中要思想专一，呼吸均匀，动作轻缓，全身放松。

**第一式：松静站立（静立式）**

【操作】两脚自然开立，与肩同宽或稍宽于肩。膝髋两关节微屈。缩肛圆裆，含胸收腹。头容正直，两眼微闭，舌抵上腭。沉肩虚腋，两臂松垂体侧，掌心向股。心绪平静，思想专一。做慢、细、匀、长的呼吸6～9遍（图10-7-1、图10-7-2）。

【要领】要求做到松静自然。

【功用】有安神定志、补益心气的作用。

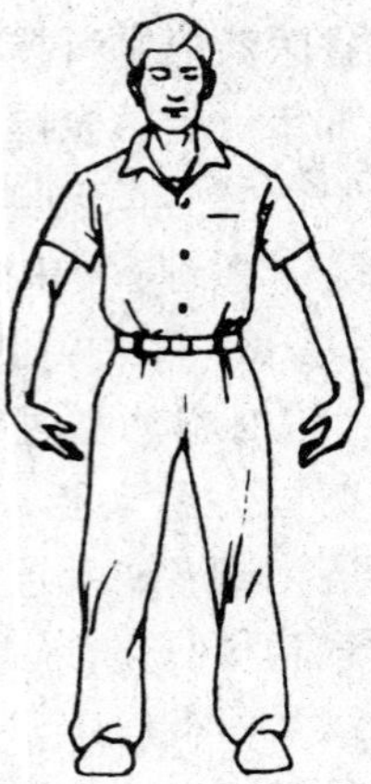

图 10－7－1

图 10－7－2

**第二式：舒展身心**

【操作】

（1）两臂自体侧缓缓提起（提臂时肘、腕等关节宜稍屈曲，以求放松，掌心向下）。

（2）腕背提至与肩平时旋腕（拇指向上、向后翻转），变掌心向上。

（3）两臂屈肘内卷，两手合拢。待两手中指轻轻相接时，开始缓缓下落。

（4）当两手落至胸前时，身体向前躬身弯腰，以掌心向下的姿势沿体前中线的前方向下平按。

（5）两手徐徐落向两足之间（不许触地或脚），当两手按至最低处时，用足小趾的下面和前足心（涌泉穴处）轻踩一下地面，而后开始舒腰提臂并加意念：默想两股清泉自涌泉穴生出，每侧形成一条温暖的细流，绕过足内侧缘向小腿缓缓流去。

（6）渐渐直起腰来（舒展身躯），两臂以垂腕姿势，沿体前中线上提（稍离开一些身体），与此同时，默想暖流沿两侧小腿、大腿内侧面的后缘上行。入会阴，过尾骨，沿脊柱上行，分别走向两肾，带上储于肾的五脏精华，向上穿越膈肌，抵达两胁，于此高度两手臂做一个开合动作，用以联络肝经，向内经肺，走向中间的心脏，继沿心系，穿越胸腔，过颈部，入颅，经眶抵达两眼。此时，外形上两手已提至眼部，用两掌罩住眼球，停留一次深呼吸的时间，使携来的五脏精华输注眼中，以起濡养调理之作用。

（7）两掌在眼前停留片刻之后，翻掌下落（变掌心向下），落回胸部，意念也沿心系原路返回心脏，再次翻掌（两拇指外翻），使掌心转向上方。翻掌的过程中，将意念自心脏浅出于两侧腋前。

（8）两臂自胸前呈扇形水平外摆，意念沿两上肢掌侧面的尺侧缘，徐徐移向小指末端（小指桡侧爪甲角的少冲穴），小指轻挑一下，意念终止（第 1 遍结束）。

（9）两臂再次内卷，开始第 2 遍屈体下按动作。以后的动作及意念活动同前。如此，再重复两遍。最后一遍做完之后，两臂内卷，自体前下落，身体不再随之前屈，两手徐徐落向体侧，恢复静立式（图 10－7－3～图 10－7－14）。

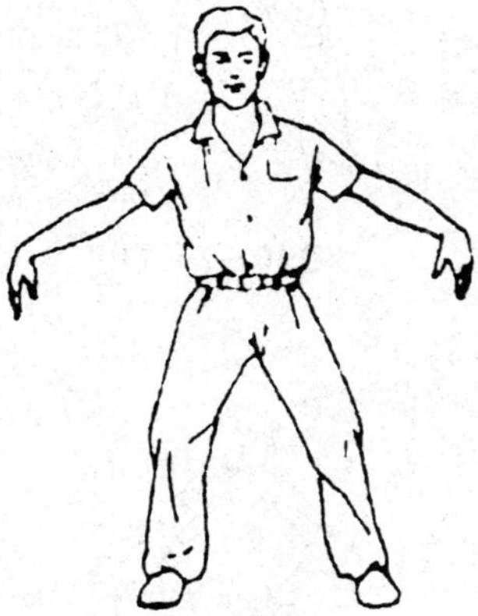

图 10－7－3

图 10－7－4

图 10－7－5

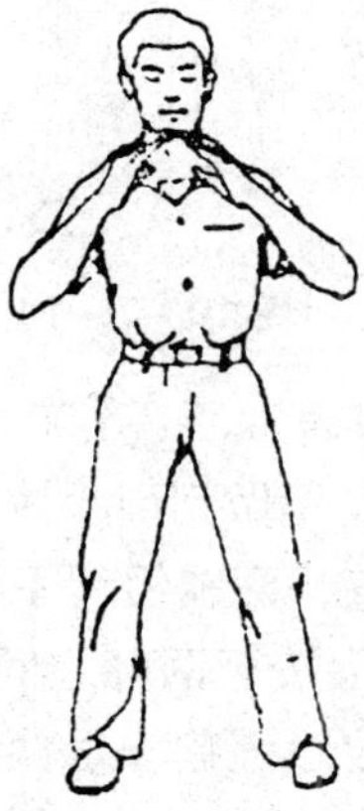

图 10－7－6

图 10－7－7

图 10－7－8

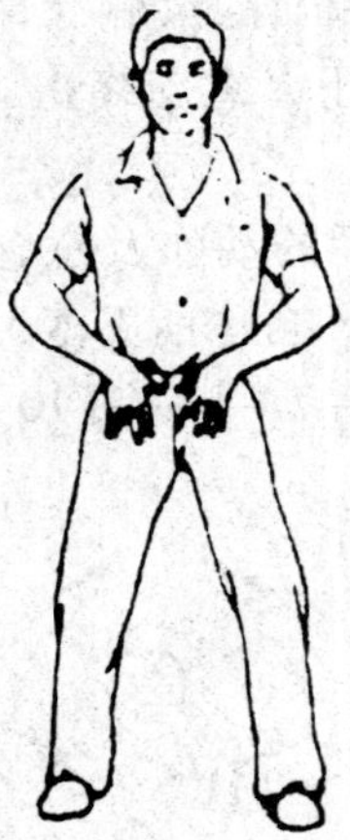

图 10－7－9

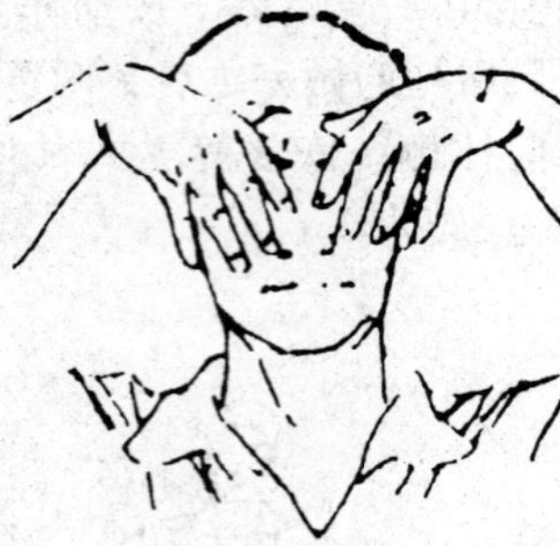

图 10－7－10

图 10－7－11

图 10－7－12

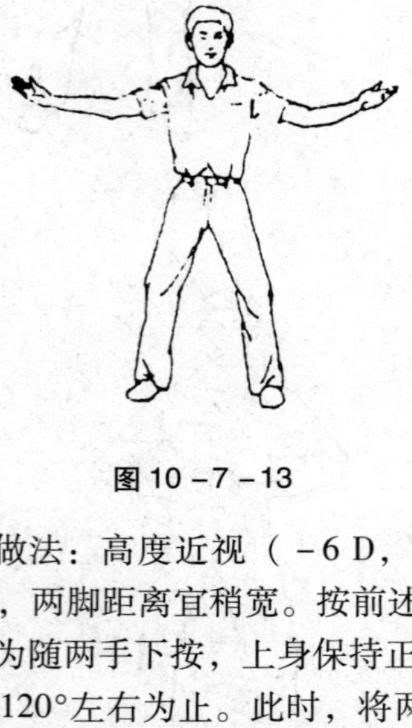

图 10－7－13

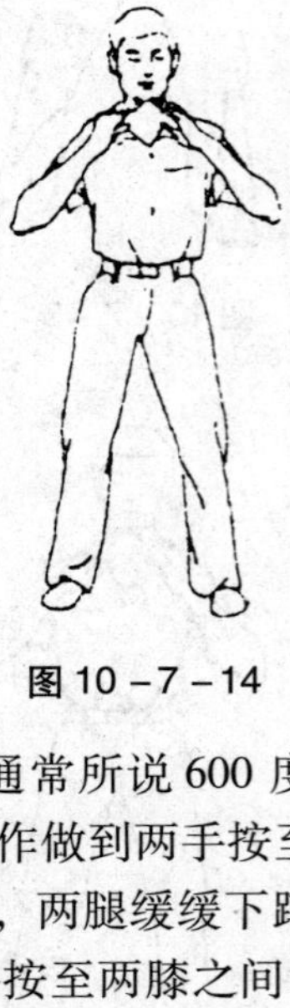

图 10－7－14

高度近视患者第二式的做法：高度近视（－6 D，即通常所说 600 度以上的近视）患者做本式功法时，两脚距离宜稍宽。按前述操作做到两手按至胸前时，不做躬身弯腰动作，改为随两手下按，上身保持正直，两腿缓缓下蹲，一直屈到膝关节后方夹角达到 120°左右为止。此时，将两手按至两膝之间、“涌泉踏地”之后，保持这种体位等待意念，上行到膝部时再缓缓起立。两手继续上提，直至眼前。以后做法同前述做法（图 10－7－15、图 10－7－16）。

图 10－7－15

图 10－7－16

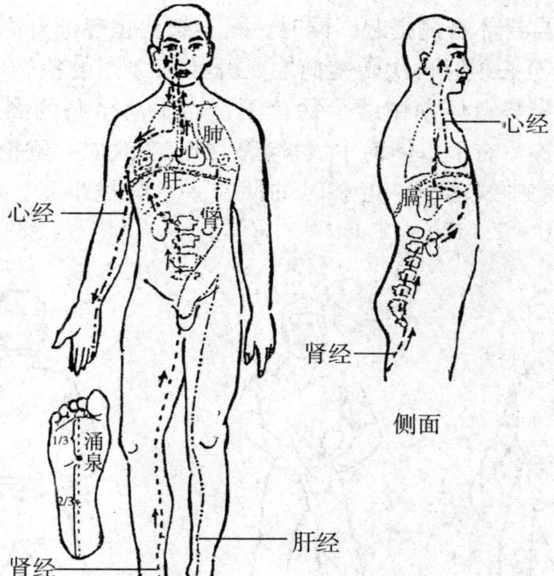


图 10－7－17　“舒展身心”意念循行路线

【要领】形意相随，全身协调。两臂上提时，手身距离宜远，但提至眼前时，应紧贴双眼。

【功用】根据意到气到的原理，通过意念引导，疏通肾、肝（间接）、心三经。同时，也调理、促进相应脏腑的功能（图 10－7－17）。所以，凡是心、肝、肾三经及三脏失调导致的眼病，本式均有调整、治疗作用。无病则有强壮、预防之功。

**第三式：抡臂转睛**

【操作】

（1）两手变剑指，左脚向左移宽半步，两眼向前平视。

（2）左手弧形水平前移的同时右手弧形水平后移，并将右手背贴靠在左腰眼处。

（3）左手以垂腕姿势自体前中线的前方缓缓提起，提至视平线的高度时，双眼将移动中的左手中指尖视作为靶子，以后要紧随而动（头保持不动），手提到上方极限时，将左腕翻向左外上方，而后左手以“坐腕”（指尖朝上）姿势从左侧落下，手下落的同时膝、髋二关节逐渐屈曲下蹲呈马步姿势（此称“手落身落”）。

（4）左手落至正下方最低处时，腕背转向右侧，并将左臂也摆向右侧，而后以垂腕姿势自身体右侧提起，同时，马步架势也逐渐升高（手起身起）。

（5）左手提至头顶时再次转腕向左，开始第 2 圈的抡转。如此连转 6 ~ 9 圈。而后以坐腕姿势自体前中线徐徐落下，当手落至脐的高度时右手抽出前移，两手交换位置。右手自体前中线拉起，如前法改向右侧抡臂转睛 6 ~ 9 圈。最后，右手自体前中线落下，近脐时抽回左手，收拢半步，恢复静立式（图 10 – 7 – 18 ~ 图 10 – 7 – 27）。

图 10 –7 –18

图 10 –7 –19

图 10 –7 –20

图 10 -7 -21

图 10 -7 -22

图 10 -7 -23

图 10 -7 -24

图 10 -7 -25

图 10 -7 -26

图 10 -7 -27

【要领】

（1）眼随手转，眼手不可分离。头部要固定不动。

（2）挥动的手臂要舒展，但又不宜完全伸直。躯干要正直，不应旋转或晃动。

【功用】

（1）有消除看近物时，眼球内、外直肌从固定方向压迫眼球造成眼球变形、眼轴延长这一主要病因的作用。所以，此式对轴性近视有针对性的防治作用。

（2）本式直接运动锻炼眼外诸肌，所以，对眼外肌发育不良、肌力减退类眼病有治疗、康复作用。

（3）旋转眼球有促进眼球及眼附器血液循环，进而改善其营养的作用。本式尤适用于真性近视，对眼肌麻痹或无力、视神经萎缩、视网膜黄斑变性也有治疗作用。

### 第四式：鱼际揉目

【操作】

（1）两目轻闭，两手自体侧缓缓移至体前，沿前正中线前方提起。

（2）两手提至面部时扬掌，掌心相对，以两手掌拇指后方丰隆处“鱼际”侧缘的最高点贴向大眼角，然后沿眼缝轻轻地向外擦至太阳穴。

（3）自太阳穴处向上经前额向内抚擦，近中线时两手相遇，下滑，返回到大眼角。至此已环擦1周。如此重复环擦3~9周。

（4）揉完之后，两手沿鼻旁、口角下滑，离开面部，缓缓落向体侧，恢复静立式（图10-7-28~图10-7-32）。

图10-7-28

图10-7-29

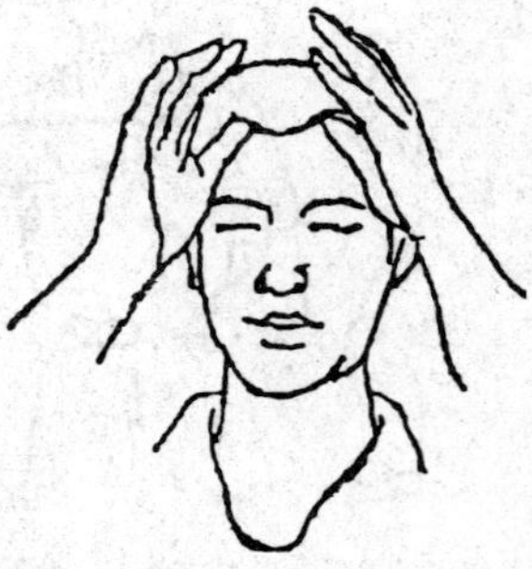

图10-7-30

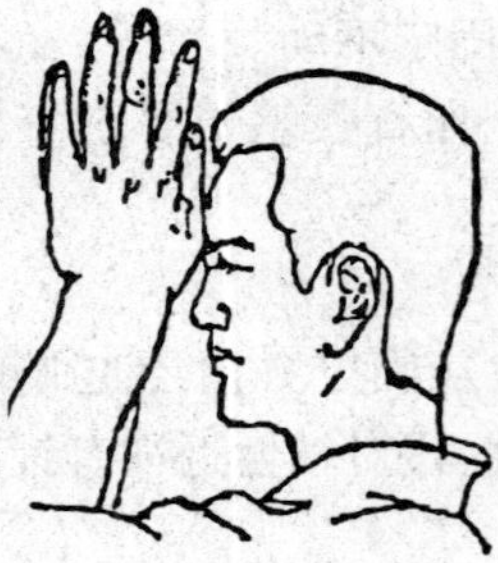

图10-7-31

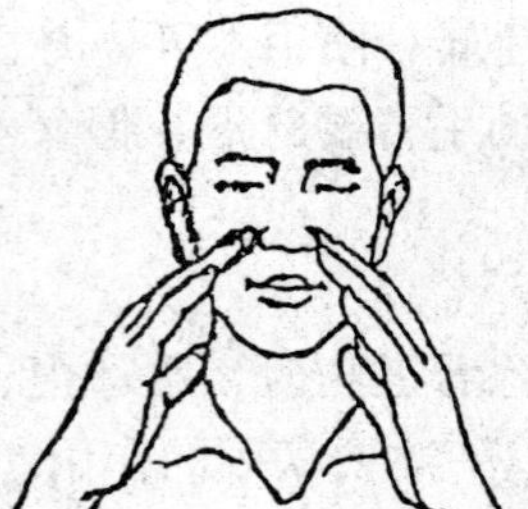

图10-7-32

【要领】按摩动作要轻柔，结束时两手回落要缓慢。

【功用】有疏通眼部经络，促进眼部血液循环，改善眼睛营养等作用。

**第五式：点穴按摩**

【操作】

（1）双目微闭，自静立式两手缓缓前移，继沿任脉前方向上提起。

（2）两手上提至面部时扬掌，掌心朝面，屈曲两手中指，用中指末节指腹的尖端点放在睛明穴上，做旋转按摩，先正转6圈，再反转6圈（凡沿双手拇指自然朝向画圆旋转者称正转，逆拇指朝向旋转者称反转）。而后做一遍配合呼吸的点按手法，即中指尖轻柔地下按时用口呼气（抵上腭的舌尖落下来两唇间留一小洞缓缓吐气），中指抬举时闭唇用鼻缓缓吸气（恢复舌抵上腭状态）。

（3）两手中指贴皮肤滑向鱼腰穴，按睛明穴的操作方法按摩本穴。

（4）两手中指垂直下滑移向承泣穴，按睛明穴方法按摩本穴。

（5）两手中指沿眶下缘滑向外上方的瞳子髎穴，仍照睛明穴方法按摩。

（6）两中指向后绕过两侧耳郭上缘，再折转向下即到翳明穴，再按前法操作。

（7）两中指向内上方推移至风池穴，依睛明穴方法按摩风池穴。依序按摩完上述6穴之后，两手顺颈两侧下滑，缓缓落向体侧，恢复静立势（取穴参看图10－7－33～图10－7－36；操作方法参看图10－7－37～图10－7－43）。

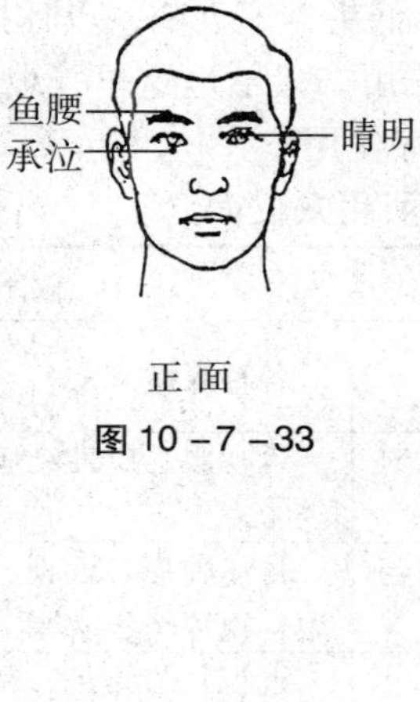


正 面

图10－7－33

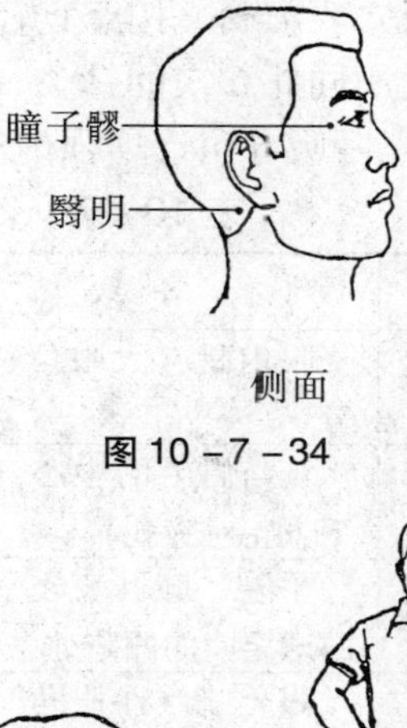


侧面

图10－7－34

图10－7－35

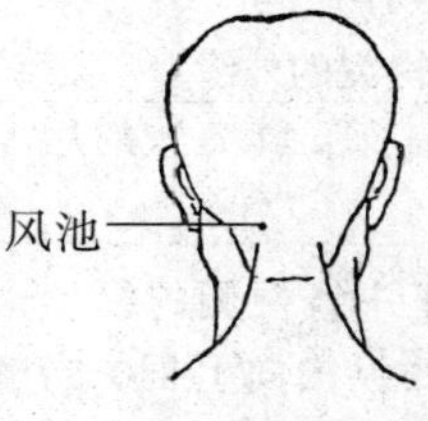


背面

图10－7－36

图10－7－37

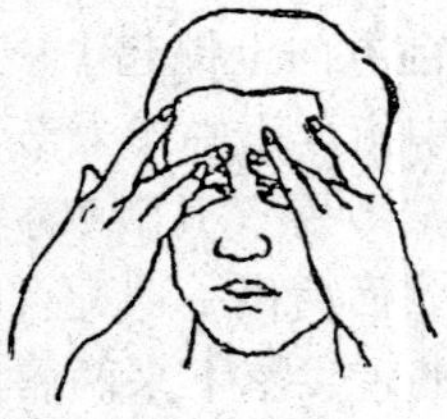

图10－7－38

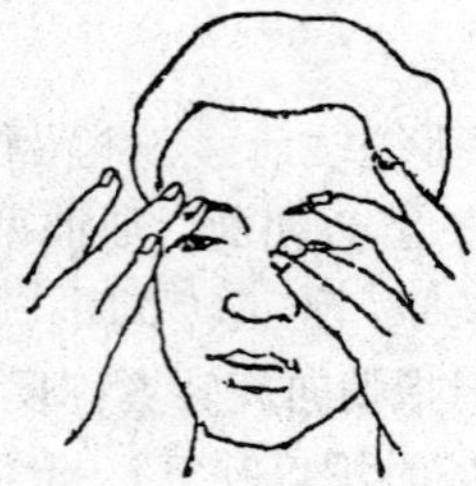

图10－7－39

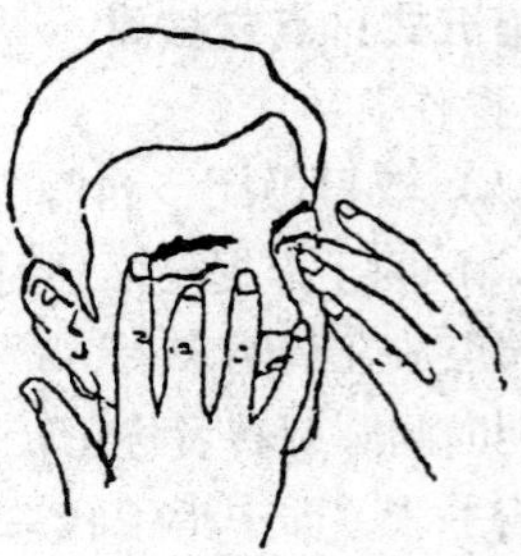

图10－7－40

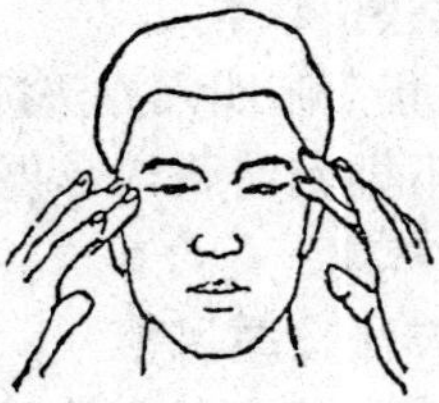

图10－7－41

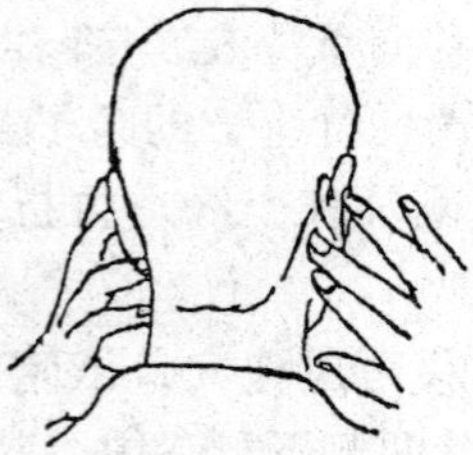

图10－7－42

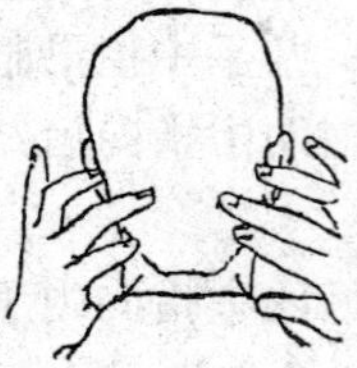

图10－7－43

【要领】取穴要准确，按摩宜轻柔，不低头，不夹胸，点呼抬吸。

【功用】功用同此6穴的针灸、按摩作用，只不过这里采取了自按自摩的导引形式并施以呼吸导引以增强内气的治疗作用。

**表10－7－1　本节所用穴位简介**

| 穴名 | 归经 | 取穴 | 主治 |
| --- | --- | --- | --- |
| 睛明 | 膀胱经 | 眼内眦（大眼角）内上方一分 | 各种眼疾 |
| 鱼腰 | 奇穴 | 正当眉毛的中心（眼平视时下方正对瞳孔） | 近视眼、急性结膜炎、眼肌麻痹等 |
| 承泣 | 胃经 | 平视、瞳孔直下、眶下缘与眼球之间的凹陷处 | 目赤肿痛、近视、白内障、青光眼、视神经萎缩等 |
| 瞳子髎 | 胆经 | 眼外眦（小眼角）外方半寸（在颧骨额蝶突的外缘） | 近视、结膜炎、视神经萎缩、偏头痛等 |
| 翳明 | 新穴 | 在耳后高骨（乳突）的后下缘处 | 近视、角膜炎、白内障、视神经萎缩、神经衰弱、耳鸣等 |
| 风池 | 胆经 | 沿颈后正中线两侧的纵形大筋外侧缘的纵沟向上推，当触到横形骨缘挡住推不动时，此处的凹陷处就是风池穴 | 眼病、感冒、鼻炎、高血压、癫痫、偏瘫及脑部疾患等 |

**第六式：近观远望**

【操作】

（1）由静立式将左脚向左跨宽1步，两眼注视远处目标片刻，而后两手沿体前中线上提。

（2）两手缓缓上提的同时，身体向左转身90°。转身时左脚不动，右脚跟提起，以足尖为轴向左转成斜位。两脚站成近似“丁”字形。

（3）两手提至颏前时，手背相贴，指尖朝下的手形，向外、向上翻转，指尖翻到上方时，分手向外下方合抱（如抱柴状），手落身落，身落时两膝自然前屈，呈面向左侧的左弓右蹬式步形（简称弓蹬步）。继而，两手抄起，手指部分重叠交叉，拉近至眼前（眼掌相距1~2拳），两眼注视上面一只手中指掌面的指纹。在提臂转身、翻掌下抄、捧掌拉近的过程中，两眼目光应随此一系列动作由远处目标，逐渐扫视到身体左侧面的地上，再由地面移至重叠在上方那一只手中指的掌面。再将两手拉近至眼前（目光的变化是：远→中→近的相继变化）。

（4）当形成向左的弓蹬步，并将两掌拉近到眼前1~2拳时开始起身，一边注视近处手掌的纹理，一边起身转体复原，身体转正后稍凝视近处掌纹片刻，然后两手翻掌下落回归体侧，目光先落到身前方1~2步的地上，再逐渐放远。

（5）此后，改向右侧重复前述动作。如此，每个方向近观远望1次算1遍，左右交替共做6~9遍。最后复原为静立式结束（为理解动作，可参看增视功附图10－7－44~图10－7－48）。

图10－7－44

图10－7－45

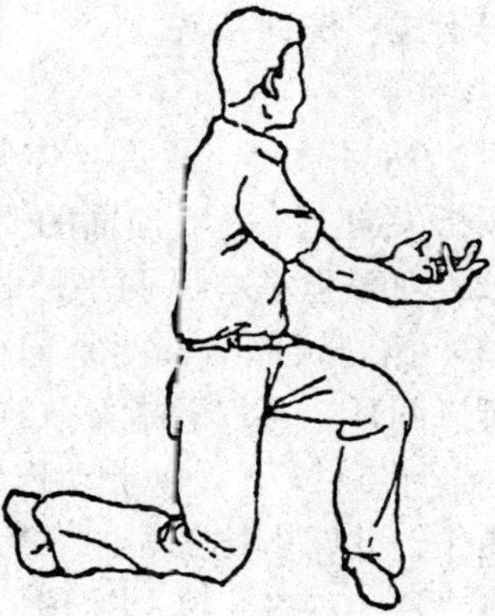

图10－7－46

图 10－7－47

图 10－7－48

【要领】本节的关键在于目光的远近交替，其中尤要注意远望时应把目光推至最远，近观时，注视所看手掌与眼的距离要拉近到 15 cm 以内。目光远近交替时目光移动要缓慢，不可陡然转换。另外，本节乃一全身性协调动作，要注意使全身的动作协调一致。

【功用】

（1）通过本节练功可使睫状肌主动产生舒缩运动，对功能性近视有消除睫状肌痉挛的作用。对老花眼有增强调节肌力的功效。

（2）舒臂转身有促进静脉血回心、改善血液循环的作用，还有增强体质的作用。

（3）转腰有强肾作用。

**第七式：洗面抚头**

【操作】

（1）两目微闭，两手自体侧缓缓前移，再沿体前中线上提，达面部时扬掌，以指尖向上、掌心向面的姿势贴放到前额。

（2）如洗脸一样，两手贴面，下擦到颏部。

（3）擦到颏部后，两掌向上反搓，过面、入发、过头顶向枕部下滑时，顺势折掩两耳。再以示指叠放到中指背面，而后紧贴下滑产生示指叩击枕部的动作，连叩 6～9 下。以上动作做完后，两手先向下，再向前滑向颏部，重复上述操作，共叩击枕部 3 遍。然后两手顺面颊下滑，离开面部落向体侧，恢复静立势（图 10－7－49～图 10－7－53）。

图 10－7－49

图 10－7－50

图 10－7－51

图 10－7－52

【要领】式中按摩动作要轻柔。叩击部位要对准枕部（颅内为与视觉相关的大脑枕叶）。

【功用】

（1）疏通头面部经络。

（2）通过叩击枕部，给大脑皮质视觉中枢一个良性刺激，借以促进其生理功能。

（3）养面美容作用。

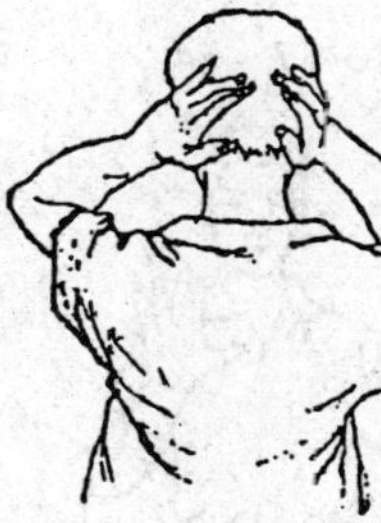

图 10－7－53

**第八式：虎视推掌**

【操作】

（1）左脚向左跨宽半步，两眼向前平视。身体向左旋转 90°，两臂右前、左后地提起展开，眼观后手。

（2）两手上提至腕背与肩平时，旋腕，使掌心转向上方。

（3）后（左）屈肘手内卷至耳根处以后，身体渐渐复原转正。左手以立掌的姿势，随转身动作，边转边从耳旁落下并向右前外方推出，边推掌，身体边下蹲成马步。随左手逐渐推出，前伸之右手也于同时旋转后撤，收回到腰间。

（4）掌推出的一瞬间两目圆睁（虎视），同时牙关咬紧，腰间握拳之手用力紧握。以上动作时间短暂。随即眯眼，起身，立掌垂下，腰间握拳之手松开，后撤。转身向右侧，换右掌推出、虎视。动作细节同前。这样，按单侧计数，左右交替共做 6～9 遍。如选择连做 9 遍时，应从右侧推第 1 掌。

（5）结束时，将推出之右掌旋转后撤，撤至近腰部时，左拳松开，两手顺势下甩，继向外上方抡臂，起身，收回半步。两手在头顶合拢，然后沿体前中线徐徐落下，恢复静立式（图 10－7－54～图 10－7－63）。

图 10－7－54

图 10－7－55

图 10－7－56

图 10－7－57

图 10－7－58

图 10－7－59

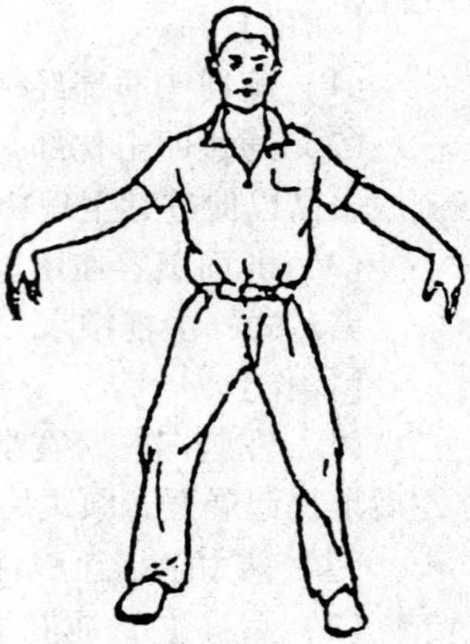
图 10－7－60

图 10－7－61

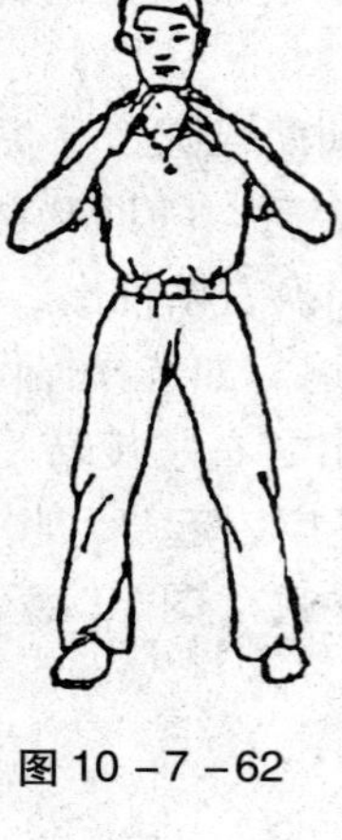
图 10－7－62

图 10－7－63

【要领】

（1）虎视时的推掌动作，应徐徐推出，臂将要伸直时收住。不可猛然前推，也不可将臂完全伸直。

（2）本式的动作特点是弛张交替，但紧张时间宜短。弛、张交替中，以弛为主。

【功用】

（1）睁大眼睛虎视，有助于肝的疏泄功能，所以有疏肝、强肝功能。

（2）全身性协调动作有增强体质的作用。

（3）转体的动作有强肾功能。

（4）弛、张交替，旨在协调阴阳。

**第九式：养气收功**

【操作】

（1）养气：第八式结束时，收步、抡臂下按，气沉丹田，闭目敛神后即进入第九式。在此状态下，进行慢、细、匀、长的呼吸9次。默想通过练功产生的真气，由小腹弥散到全身，最后再汇聚到两眼，让它调补人体，进而滋养双目。

（2）收功：养气之后，松开鹊桥，慢慢地睁开双眼，稍活动一下身体，全功即告结束（图10－7－64）。

【要领】要求做到神静体松，气息平稳。微微用意将真气导向全身，尤侧重双目。收功不可草率。

【功用】

（1）安神定志，补益心气。

（2）闭目可以养肝血。

（3）本式实为一节桩功，站桩本身还有强身健体的作用。

图10－7－64

## 三、须强调说明的几个问题

### （一）全功修炼与辨证施功

在强调全功系统修炼的基础上，有条件者（明了增视功医疗原理并请熟悉本功法的老师做指导），可以根据对病情的具体分析做有针对性的重点练功。还可以根据年龄、理解接受能力等不同，选择不同的功法配方，并适当调整练功方法。具体掌握的原则是：成年人、高中以上学生或理解力较强者，可按前述功法系统全面练功。每次练功时间宜15～20 min（一般每遍练功时间为12～15 min）；初中以下、理解能力较差或不适宜进行较多意念活动的人，可练简式功法：①松静站力；②舒展身心（不加意念）；③抡臂转睛；④点穴按摩；⑤近观远望；⑥养气收功（简式增视功每练一遍需6～9 min）。

**（二）练功注意事项**

（1）练功前宜洗净手、脸。当头面部患疖肿等感染性疾病时，应暂停练④、⑤、⑦三式按摩性功法，待康复后再恢复全功的修炼。

（2）功中凡按摩性功法，操作必须轻柔。严禁猛烈、过重的操作，以防对眼球造成伤害。

（3）要想获得好的防病或治疗效果，练功必须保证质量。要按气功的要领做，决不可以做成一般的体操。练功要持之以恒，不能忽冷忽热。本功用于眼睛的养生保健或防病，每天练1遍；若用作治疗康复时，每天应练功3遍以上，具体功量视病情而定。

**（三）生活调理**

眼病防治中生活调理也非常重要。在练增视功的同时，还应注意以下几点。

（1）养成良好的读书习惯，特别是在读书写字时，每隔50 min左右应稍作休息，不宜持续时间过长。

（2）注意创造良好的照明条件（光线过弱、过强、颤动对眼睛都不好）。

（3）注意合理的营养和好的饮食习惯。

（4）科学地安排工作、学习与生活。

## 四、各级单位对增视功疗效的医学验证举例

**（一）河南省卫生防疫站文件**

**召开“增视功”讲座及经验交流会**

（豫卫站字〔1985〕第8号）

各地市卫生防疫站：

为了保护学生视力，预防近视及屈光不正的发生和发展，我们采用河南中医学院路世才讲师研制的“增视功”，经新乡、驻马店两地试行，收到了较满意的效果。他们的体会是：该功法简单易行，容易掌握，省钱、省时、省力，值得在全省进行推广和普及。

特定于2月7日至2月10日在郑州召开“增视功”讲座及经验交流会，会期三天。望各地市按分配名额准时参加。

报到时间及地点：2月7日到军区一所报到。

抄报：中央卫生部防疫司、学校卫生处、省卫生厅防疫处

河南省卫生防疫站

1985年1月24日

**（二）郑州工学院的试验统计资料**

当前在校大学生视力下降严重，且处于发展趋势。为探索防治学生视力下降的方法，1983 年笔者采用河南中医学院路世才同志创编的“增视功”对我院学生进行了两期试验，均收到了明显的效果，现分述如下：

第一期试验：1983 年 6～12 月，在 81 级发电专业（二年级）进行，共 30 人参加。经半年的防治试验，其中视力提高和保持原视力的有 26 人，占 86.7%；仅 4 人稍有下降，占 13.3%。

第二期试验：1984 年 3～9 月，在 83 级两专业（一年级）进行，共 78 人自愿参试。试验结果见表 10－7－2。

**表 10－7－2　两组视力变化对比**

| 分组 | 观察眼数 | 提高 | | 保持 | | 下降 | |
|---|---|---|---|---|---|---|---|
| | | 眼数 | % | 眼数 | % | 眼数 | % |
| 试验组 | 74 | 29 | 39.2 | 35 | 47.3 | 10 | 13.5 |
| 对照组 | 82 | 6 | 7.3 | 50 | 61.0 | 26 | 31.7 |

注：练增视功者为试验组；练眼保健操者为对照组。

试验表明，采用“增视功”用于保护大学生视力，不仅简易可行，而且具有良好的实效，本人拟对我院学生进一步开展这项工作。（郭秋园，1985）

**（三）增视功防治近视眼的疗效观察**

新乡地区与济源县卫生防疫站的试验观察报告

为了降低学生近视眼的发病率，进一步探讨防治学生近视的有效措施，为推广运用“增视功”防治近视提供确切的依据，我们于 1984 年 10 月 1 日至 1985 年 1 月 31 日在济源县一中、二中、四中三所重点高中进行了“增视功”防治近视的疗效观察。试验共分两组，试验组 671 人，计 1 342 只眼，做路世才研制的“增视功”每天 3 次；对照组：529 人，计 1 058 只眼，做眼保健操每天 3 次。

疗效标准的判定：有效，视力提高 1 行以上；无效，视力下降 1 行以上。

试验结果：

1. 预防效果　两组正常眼预防近视效果如下。

试验组：正常眼 589 只；新发病 76 只；发病率为 12.9%；

对照组：正常眼 510 只；新发病 114 只；发病率为 22.35%。

试验说明，“增视功”预防近视、控制近视眼的发病率效果明显优于做眼保健操的对照组，更优于观察对象不做任何治疗的原发病率（54.21%）。

2. 治疗效果　见表 10－7－3。

表 10－7－3　两组中近视患者疗效对比

| 组别 | 有效 | | 无效 | | 合计 | |
|---|---|---|---|---|---|---|
| | 眼数 | % | 眼数 | % | 总眼数 | % |
| 试验组 | 602 | 79.95 | 151 | 20.05 | 753 | 100.00 |
| 对照组 | 355 | 64.78 | 193 | 35.22 | 548 | 100.00 |

注：其中增视功试验组对假性近视的有效率为88.5%。(陈家富、解敏、崔软林等，1986)

## (四) 增视功防治近视眼效果观察

河南省卫生防疫站在郑州九中的试验观察报告

对于近视眼防治，各地市（卫生防疫站）曾做过多种方法的研究，如点眼药、药物内服、穴位封闭、针刺等，都取得了较显著的短期效果。但以往方法由于手续烦琐、费时、费用较大等原因，学生难以接受，不便坚持和推广。“增视功”疗法，简便易行，经济主动，省时省力。为探讨、验证其防治效果，我们于1985年4～6月，在郑州重点中学九中，进行了实验观察。我们将高一4个班的同学分为试验、对照两组。试验组每天由班主任监督，集体练“增视功”3次；对照组同样练眼保健操3遍。试验观察2个月后，结果如下表。

1. 练功效果　见表10－7－4。

表 10－7－4　两组学生两月后视力变化的比较

| 分组 | 观察眼数 | 提高 | | 保持 | | 下降 | |
|---|---|---|---|---|---|---|---|
| | | 眼数 | % | 眼数 | % | 眼数 | % |
| 试验组 | 232 | 126 | 54.31 | 65 | 28.02 | 41 | 17.67 |
| 对照组 | 210 | 28 | 13.33 | 47 | 22.38 | 135 | 64.29 |

注：两组视力提高率有极显著性差异（$X^2=8.15$；$P<0.01$）。

2. 屈光度方面的观察　试验组还对185只眼做了屈光度变化方面的观察，结果如表10－7－5所示。

表 10－7－5　试验组185只眼屈光度变化的观察

| 原屈光度深度分级 | 眼数 | 降低 | | 保持 | | 上升 | |
|---|---|---|---|---|---|---|---|
| | | 眼数 | % | 眼数 | % | 眼数 | % |
| －1.0～－2.5D | 119 | 62 | 52.10 | 54 | 45.38 | 3 | 2.52 |
| －3.0～6.0D | 66 | 30 | 45.45 | 33 | 50.00 | 3 | 4.55 |

注：试验组中做屈光检验的185只眼中有92只眼降低（其中有29只眼恢复正常）；87只眼保持，6只眼上升。

分析及结论：观察发现“增视功”不仅对视力和屈光度轻度改变者有显

著疗效，而且对视力、屈光度重度异常者也有较好的效果。优于以往的一些近视防治措施。我们认为，此疗法简便易行，经济有效，宜于推广。此法若能长期坚持，将能很好地起到保护视力，控制近视发生、发展的功效。（毕连华、何健等，1986）

## 五、增视功治验病案举例

### （一）病案一

韩某，男，17 岁，郑州某中学高三学生。

病史：高中毕业升学考试阶段，因用眼过度导致双眼视物不清，看书时眼睛极易疲劳。1983 年 5 月下旬先要求针灸治疗，后因惧怕针刺而改选“增视功”治疗。治疗前后病情变化见表 10－7－6。

**表 10－7－6　治疗前后视力变化**

| 检查日期 | 气功治疗 | 远视力 | | 自觉症状 |
|---|---|---|---|---|
| | | 左眼 | 右眼 | |
| 1983. 5. 1 | 前 | 0. 7 | 0. 6 | 双眼视物不清，看书时眼睛极易疲劳 |
| 1983. 7. 15 | 练功 2 个月后 | 1. 2 | 1. 2 | 视力显著进步，应征入伍 |
| 1983. 10. 22 | 练功 5 个月后 | 1. 5 | 1. 5 | |
| | 变化 | ↑5 行 | ↑6 行 | |

注：由河南省人民医院针灸科岳毅大夫经治并提供资料。

### （二）病案二

马某，男，16 岁，回族，开封市某中学高二学生。

病史：自幼体弱，长期腹泻，得过肺结核。从小学五年级发现近视，戴镜，双眼 300 度，初二时达 450 度，初中时学习成绩优异，升入高中时双眼近视达 600 度，一年后达 750 度，近日来用眼时两眼酸痛、头痛得厉害，已难以坚持学习。接受增视功治疗时，练功认真，家长配合良好。

家族史：家族中无近视患者。

练功效果：见表 10－7－7。

**表 10-7-7 治疗前后视力变化对照**

| 检查日期 | 气功治疗 | 远视力 | | 屈光度 D | | 矫正视力 | | 自觉症状 |
|---|---|---|---|---|---|---|---|---|
| | | 左眼 | 右眼 | 左眼 | 右眼 | 左眼 | 右眼 | |
| 1984. 3. 1 | 前 | 0. 1 | 0. 1 | -9. 0 | -8. 0 | 0. 9 | 0. 9 | 两眼经常酸痛，看书时头痛（眼眶、耳后、前额） |
| 1984. 4. 27 | 57 天后 | 0. 2～0. 3 | 0. 3～0. 4 | | | 1. 0～1. 2 | 1. 2～1. 5 | 每次练功后眼的酸痛疲劳感都明显减轻 |
| | 变化 | ↑1～2 行 | ↑2～3 行 | | | | | |

**（三）病案三**

周某，男，16 岁，汉族，河南项城人，郑州一中学生。

病史：自初中二年级以来，视力逐步下降，视远物不清，近来更加严重。诊断为双眼高度近视。

家族史：母亲近视，祖父高度近视。

练功效果：见表 10-7-8。

**表 10-7-8 治疗前后视力变化对照**

| 检查日期 | 气功治疗 | 远视力 | | 屈光度 D | | 矫正视力 | | 自觉症状 |
|---|---|---|---|---|---|---|---|---|
| | | 左眼 | 右眼 | 左眼 | 右眼 | 左眼 | 右眼 | |
| 1988. 7. 30 | 前 | 0. 5 | 0. 2 | -6. 5 | -6. 5 | 0. 9 | 1. 0 | 久视后眼发热，发胀 |
| 1988. 8. 3 | 4 天后 | 0. 5 | 0. 5 | -6. 5 | -5. 0 | 1. 0 | 1. 2 | 上述症状减轻 |
| | 变化 | 无 | ↑3 | 无 | ↓1. 5 | | | |

**（四）病案四**

邓某，女，25 岁，汉族，辽宁省法库县人，机械设计工程师。

病史：自幼双眼视力不好，6 岁开始戴眼镜（OS—-4. 5 D，OD—-5. 5 D）。自觉近来左眼视力下降。

检查：全身健康状况良好。眼部：双外眼（-），双眼底用 -6～-8 D 检眼镜检查：可见乳头颞侧呈苍白色，血管向鼻侧偏曲，网膜上显大块黑色色素斑，中心反光（+）。

诊断：①双眼高度近视并眼底病变；②双眼球隐性震颤。

练功效果：见表 10－7－9。

**表 10－7－9　治疗前后视力变化**

| 检查日期 | 气功治疗 | 远视力 | | 屈光度 D | | 矫正视力 | | 自觉症状 |
|---|---|---|---|---|---|---|---|---|
| | | 左眼 | 右眼 | 左眼 | 右眼 | 左眼 | 右眼 | |
| 1988. 7. 30 | 前 | 0. 1 | 0. 1 | －13 | －13 | 0. 3 | 0. 3 | 近距离作业只能坚持10 min 以内，久则眼胀，恶心 |
| 1988. 8. 3 | 4 天后 | 0. 2 | 0. 1 | －10 | －13 | $-0.3^{-1}$ | 0. 3 | 近距离作业时间延长至 30 min |
| | 变化 | ↑1 行 | 无 | ↓3 | 无 | | | |

王某，男，72 岁，郑州市向阳区卫生院针灸科医生（第一位试用“增视功”疗法治疗老花眼的患者）。

病史：两眼老花已多年，平时不戴老花镜看书、读报时，看到的字体为一条条粗黑杠。1982 年 3 月 1 日主动要求学练增视功，治疗老花眼，练功半年之后能不戴花镜阅读书、报。

## 第八节　路氏站式自我导引健身功

在长期的气功医疗中，我都坚持选用符合医理并经过临床验证的功法，严把质量关、安全关。遇到一些疑难病症又无现成功法可选时，我会在辨明病因病机的基础上，运用中西医的基础理论和气功理论知识作为指导，因人、因病而异地设计新的功法，这些按患者量身定制的功法，经临床试用，绝大多数都能获得预期的良好效果。

随着时代的进步，社会环境的变化，大家都会发现当代人们的生活水平日益提高，生活条件也越来越优越，但不少人的体质非但没有提高，反而变得更加脆弱。经过分析，我认为主要是现在的人们神志过用，安逸少动，能量摄入过剩，导致器官退化，能量代谢紊乱造成的种种病态。我长期以来针对上述情况思考对策，经 10 多年的思考、研究，遵循“用进废退”的生物学基本原则，采用健运脏腑、改善血液循环、活跃气血、疏通经络、培养正气等基本要素，编创了“路氏自我导引健身功”站式、垫上两套功法。

垫上功法以自我按摩为主，辅以导引动作，用以养护全身器官。如“灵龟出洞式”，重在锻炼与疏导向脑部供血的颈内动脉和椎动脉，用以改善脑与脊髓的供血，提高“君主之官”心（主神志者）的功能，预防脑血管疾病的发生。

站式功法则以导引动作为主，重在强健体质，防治现代常见病。该功法共九节，功法设计充分考虑人体解剖生理学原理和中医理论，通过对全身各部有针对性地锻炼，改善人体器官的功能，以达强身健体及治疗之目的。如“三点拔伸法”，本节功法主要是将头颈在放松状态下向左右旋转，在旋转头部的时候分别在“左后上方”“正后上方”“右后上方”这三个方位将头部向侧后上方伸展，配合上肢向下方的推送，同时对侧下肢向下蹬地。通过以上两股相反方向力的共同作用，达到脊柱自我牵引之目的。这节功法的设计完全是出于我对脊柱生理结构特点及其与相关疾病发生之间关系的认识而创编的功法。我分析脊柱除骶尾骨之外，都是由一块块独立的椎骨组合而成的，相邻椎骨之间仅有一对相对弱小的关节突关节连接，脊柱所以能够成为一个支撑人体的强大支柱，主要依靠其间众多的，长短、大小不一的韧带和附着其上的肌肉来实现。现在人们学习、工作甚而生活中，低头、弯腰伏案劳作的机会多、时间长，这就导致了今天颈椎病、腰椎间盘突出症等病症的大量发生，在这些病的治疗过程中，经常选用牵引疗法。我认为根据病情的需要适度的牵引治疗是必要的，但也经常看到不正规的、长时间的过度牵引。这就会造成肌肉、韧带废用性退化，甚至损伤，其后果会破坏椎骨连接固定的基础，使脊柱的稳固性受到破坏，以至于出现病愈后容易复发的恶果。针对这种情况，我设计了“三点拔伸法”，因为它是让患者自己进行拔伸锻炼的功法，不会牵引过度，而且通过牵引运动也增强了运动脊椎肌肉的力量和相关韧带的坚韧性。所以，这节功法通过主动牵引既松解了受压的神经，又同时强化了椎骨间连接组织的稳固性，消除复发的消极因素。鉴于此，我们认为“三点拔伸法”是一种积极、主动、安全的牵引方法，是一种更为科学合理的疗法。

我最新设计的“路氏自我导引健身功”站式、垫上两套功法，经临床验证该功法安全可靠，对多种疾病防治效果良好，我把它作为一种防病养生和治疗疾病的有效手段，郑重地推荐给大家。

本节首先介绍站式功法。

预备：松静站立，气定神敛，行慢、细、匀、长的呼吸6~9次。

**（一）双臂回环**

两足开立比肩略宽，两臂下垂，手掌自然舒展。

1. 操作

（1）向外回环：两臂向内交叉→自任脉前方提起→提至头顶两臂外分自

身体两侧落下。如此算 1 遍（再次两臂向内交叉提起连做 3 ~6 遍）（图 10 -8 -1、图 10 -8 -2）。

图 10 -8 -1

图 10 -8 -2

（2）向内回环：两臂自身体两侧舒臂提起→两手提至外上方达头的高度时，内合交叉两臂从体前落下算 1 遍，连做 3 ~6 遍（图 10 -8 -3、图 10 -8 -4）。

图 10 -8 -3

图 10 -8 -4

2. 要点

（1）全身放松，整体配合要求手起身起、手落身落，身落时马步下蹲，下蹲深度量力而行。

（2）呼吸配合：两臂挥起和分开时吸气；两臂下落或合拢时呼气。两臂开合起落动作不明显时取自然呼吸，全功均依此规律配合呼吸。

【功用】

（1）疏经通络。

（2）活跃气血。

（3）安神定志。

（4）强健体魄，尤为四肢。

**（三）仙鹤戏水**

两足平行开立，略宽于肩，两臂自然下垂体侧，呈高位自然桩式。

【操作】（图 10－8－5、图 10－8－6）

图 10－8－5

图 10－8－6

（1）两臂先向两侧后外下方舒展。

（2）两手自后外下方，自两侧向前上挥起，渐渐伸直两臂，两掌心向外，头夹在两臂之间。在两臂上挥的同时，两腿屈髋屈膝，上身下落后坐，头颈向胸廓上口方向尽力回缩。

（3）继而两掌心转向前方，自前方向下回落，像游泳拨水一样，自体侧向后下方推去，两臂自前上方向下再向后推动时，身体从后坐姿态，向前上方弧形升起，昂头挺胸，头颈尽力向前上方伸出。

（4）两臂再次自后下向前上方挥起，手起身落，开始下一轮动作。如此共做 3 ~6 遍。

【要点】

（1）手起身落时，头要尽力向下回缩；手后推挺胸时头颈应尽力向上伸展。

（2）全身起落要沉稳，注意保持身体的平衡。

【功用】

（1）宣通肺气。

（2）强化平衡。

（3）强脊健肾。

**（三）雄鹰扑兔**

左脚向左横跨一大步，垂臂舒掌站立。

【操作】

（1）轮番左扑：双臂自下方右挥→从右侧上提至右肩上方后，再从上方抡向左侧→左弓步两臂向左侧挥下→过膝后好像捉到猎物一样，两手用力抓握。共挥抓 3 ~6 遍（图 10 –8 –7、图 10 –8 –8）。

图 10 –8 –7

图 10 –8 –8

（2）轮番右外：依上法，换方向做上述动作 3 ~6 遍。

【要点】

（1）挥臂过程中舒展双臂，全身放松，膝下抓到猎物时，两手渐渐紧握（此时有意锻炼握力）要做到一张一弛，以松弛为主。

（2）抡臂中注意两脚虚实转换。

【功用】

（1）增加臂力。锻炼肩与手部关节，有利于肩周炎的防治。

（2）壮肾并强健下肢。

（3）疏经通络，活跃气血。

**（四）踏步转体（健运脏腑）**

松静站立。

【操作】

（1）左足在前的右旋式（图 10 –8 –9、图 10 –8 –10）：①左足向左前方迈半步→身体重心退到后腿（右腿），足尖高高跷起。②踏步向前，上半身渐渐转向前方，缓缓吸气，后足跟稍稍提起。③继续向右转身吸满之后转入闭气，上半身一直转到朝向右侧为止。④随即缓缓回转（向左）上半身连转 180°，直到转回到上身朝向左侧为止。回转的同时，身体重心渐渐退回到后腿，（右腿）整个回转的过程长呼气。⑤以上往返旋转1次算一遍共做6~9遍。

图10-8-9

图10-8-10

（2）右足在前的左旋式：做法同上，只是换足、换方向而已，连做6~9遍。

【要点】

（1）旋转时两手臂像走路一样自然摆动，以做配合。

（2）旋转时，以腰中部为分界，下半身尽力固定不转，主要让上半身旋转。

【功用】

（1）壮肾。

（2）活跃五脏六腑的气机，增进脏腑健康。

（3）活跃气血，疏通经络。

**（五）三点拔伸法**

本节的基础姿势：两足开立，两手掌放于身后，两手背贴身，然后将两手虎口相接，用右手轻轻地握住并拢的左手2、3、4、5指，松静站立。

【操作】（图10-8-11~图10-8-14）

图10-8-11

图10-8-12

图 10－8－13

图 10－8－14

（1）预备式：在始终保持前述基本姿势的前提下，头颈全身自然放松→开始左右踏步，并在保持身体直立的姿势下，向左水平画圆旋转 3 圈→再向右环转 3 圈。

（2）左旋式：基本动作如上，向左侧旋转，但要画大圆，动作要慢→当头部转到“左后上方”这个点时，将头颈向左后上方尽力伸展，同时相握的手向相反方向尽力推出，右足尽力向右下方侧蹬，缓缓地将力量用足之后，稍停留片刻→全身放松，继续旋转→当头转至“正右上方”第 2 个点时，头用力向后上方伸展，两手向下直推，两足蹬地，将力用足后稍停→全身放松，继续旋转，当头转到“右后上方”第 3 个点时，做与“左后上方”点相同的动作。到此，完成了第 1 圈的动作，照此做法连做 3～6 圈。

（3）右旋式：操作同左旋式，只是把方向和肢体做相应的转换即可，亦重复做 3～6 圈。

【要点】

（1）动作一定要缓慢，柔和，量力而行。

（2）高血压、心脑血管病的患者，或有禁忌运动的病情者，请勿做此节，应特别谨慎。

【功用】

（1）舒筋通络，强腰健脊。

（2）强筋壮骨，建脑强髓。

**（六）转身插掌**

横跨开一大步，分腿直立，舒掌垂放体侧。

【操作】（图 10－8－15～图 10－8－17）

图 10-8-15

图 10-8-16

图 10-8-17

(1) 左插掌：

①双臂自体侧下方向右摆起→身体也随之右转，手掌平肩后，左转身180°，两臂屈肘，两掌相合，左掌在下，右掌在上，指尖向左→变左弓步的同时，向左插掌。如上动作连做3次。②接前式，身向左侧不变，两臂分别从两侧向后下方挥臂，环行向前挥动→胸前两手变剑指，弓步前点。两式动作连续前点3次。

(2) 右插掌：仍按前面左插掌的方法，只是将动作方向和肢体做对应转换即可。

【要点】

(1) 挥臂转身大部分动作都要求放松，只在弓步插掌或弓步前点时缓缓加力。

(2) 转身摆臂动作都要求缓和沉稳，弓步前插前点时，弓步的深度和力度都要用意为主，量力而行。

【功用】

(1) 活跃气血，补气增力。

(2) 重点在增强臂力，指力。

(2) 通经活络。

**(七) 升降开合**

并步自然站立。

【操作】

1. 左脚在前的右转升降开合式

(1) 上丹田开合式（图 10-8-18、图 10-8-19）：左脚向左前外方迈出一小步→顺势重心前移，两臂以垂腕姿势沿体中线提起→提至眉头高度时两手背相贴将手指尖翻向上方→两掌水平方向展向两侧，两掌外展的同时，重心退至后腿→两掌外展到肩外方半尺左右约 16.5 cm，转腕使两掌心相对→两掌随即缓缓向中线合拢，合拢的同时，身体重心慢慢移向前腿。（注：上丹田即两眉之间的印堂穴处）

图 10－8－18

图 10－8－19

图 10－8－20

（2）中丹田开合式（图 10－8－20）：

1）接前式，两手合掌，沿体中线下落，手下落的同时，身体重心退至后腿→两掌落到小腹下部后，手腕下垂，令指尖朝下，掌心向外→随之两臂向外张开，同时向后送腰，但上身和头要保持中正，眼平视前方。

2）当两掌开到体侧半尺距离时，翻转手腕（使两掌心相对，指尖朝下），待转腕动作完成后，随即两掌向内缓缓合拢向小腹前方的中线。两掌内合时身体重心渐渐移向前腿。

（注：中丹田——小腹部）

3）下丹田开合式（图 10－8－21、图 10－8－22）：前接式，两手沿体中线上提，提至下颌高度后，翻腕呈合掌式（指尖朝上）→以前腿作为主要支

图 10－8－21

图 10－8－22

撑缓缓下蹲，同时两手沿中线下落，待两臂完全垂下后（接近伸直）身体稳在这一高度→转腕使手心朝外，指尖向下，而后两臂缓缓外展→两手外展到稍超出胯外时，再次转腕，变成手掌相对，指尖朝下，两手开始渐渐合拢，直到体中线（下丹田即前后阴之间的会阴穴处）。

4）换方向转体动作：①粗转法：先从下蹲姿势缓缓起立，两手顺势垂于体侧。而后可自由、随意地向右侧转一个方位（如自南方转向西方）。②细转法：接前面在下丹田高度，两手合至体中线后，两臂以垂腕姿势缓缓起立→起立时两臂上提、前送，上提到胸部高度时翻腕，合掌下落，这时两掌后收，贴身下落身体重心也随之移到后腿→两手落到脐的高度时，身体重心前移，后足跟提起，向前足跟旋转靠拢形成90°夹角→两手继续下落，身体重心再次退至后腿，前足跟提起，以前足尖为轴，全身轻巧自如地向右旋转一个方向，收左足，并步静立，转换方向动作完成。

再将左足向左前外方迈出半步，做第 2 个方向的上、中、下丹田开合动作。依上法，连做 4 个方向的三田开合操作，即全部完成“左足在前的右转升降开合式”，如按面南方向开始的话，连续应为南→西→北→东。

2. 右脚在前的左转升降开合式　接前式，面东并步而立，将右足向前外方迈出一小步→顺势重心前移，两臂以垂腕姿势沿体中线上提至眉头高处……

以下做法同“1”，连转 4 个方向，即东→北→西→南。与“1”不同的是改向左侧连续转换方向。

【要点】

（1）气功两上肢动作配合呼吸的规律应是起（升）吸，落（降）呼；开吸，合呼。而且要求缓慢进行。本节中会遇到连吸、连呼的情况。如果自己肺活量不大，呼吸难以配上时，不必勉强，可改用自然呼吸。等锻炼的气足之后再按要求配呼吸。

（2）下丹田开合可按个人的体力调整下蹲的高度，年轻、体力好的人可蹲到大腿与地面平行（水平位），且膝盖不可超过脚尖；对年老体弱者则应改为慢落，浅蹲。

【功用】

（1）补先天，壮后天，培补真气（元气，正气）。

（2）调畅气机，活血通络。

（3）安神补脑，强筋壮骨，增力。

**（八）定步云手**

横跨一大步，分腿站立，气定神敛。

【操作】（图 10－8－23、图 10－8－24）

（1）向左云手：先将右手贴放在身后的左腰部，左手自下方提至右腋前，然后再向左上方云转（吸气）→从身体左侧将左手落下（呼气）。左手环转一圈算1遍，连做3遍。

（2）向右云手：先将左手贴放到身后的右腰部，右手从下方提至左腋前，而后转向右上方云出（吸气）→右手从身体右侧落下回至起点（呼气）。同样连云3遍。

图10－8－23

图10－8－24

【要点】

注意云手时眼睛随手走，身体也应灵活地随手轻轻转动，身体重心也要随手左右移动。不做云手动作的另一只手，以手背贴靠在身后对侧腰部固定不动。

【功用】

（1）疏经通络（尤为上肢经络）。

（2）宽胸，理气，强肺。

（3）活跃气血，促进血脉畅通。

**（九）引气归元**

两腿分立（与肩等宽），静立片刻。

【操作】（图10－8－25～图10－8－31）

图10－8－25

图10－8－26

图10－8－27

图 10－8－28

图 10－8－29

图 10－8－30

先两掌心向下，手腕水平画圆旋转 3 圈；再两掌心向上，手腕水平画圆，旋转 3 周。接着舒展双臂，两手自体侧上挥→挥至头顶时，两掌对向百会穴→两手自面前落下，此时心想清气由百会穴入体下行→当手从眼前经过时，轻轻闭上双目→两手缓缓落向体侧，同时引气归入丹田（小腹）→舒身，调气，养神。使精、气、神合一。让我们与周围的大自然融为一体，静立1 ~3 min（亦可再长一些），全功结束。

图 10－8－31

【要点】

（1）手臂挥起时吸气，手臂下落时呼气。

（2）意念宜清淡。

【功用】

（1）聚精、敛气、养神。

（2）进一步培补体内的元气。

# 第九节 路氏垫上自我导引健身法

## 一、头面导引健身法

### （一）健眼法（图 10－9－1～图 10－9－5）

图 10－9－1

图 10－9－2

图 10－9－3

图 10－9－4

图 10－9－5

1. 浴眉法 沿眉用示、中二指指腹横向擦揉 9～36 次。

2. 运眼法 依序眼观室之四壁，左转 9 圈，再右转 9 圈。

3. 穴位按摩 洗净手脸，用两手中指指腹的前端，依次按揉下列穴位，每穴均正转 9 圈，再反转 9 圈，按时应轻揉，切忌过分用力！

（1）睛明（膀胱经）：在鼻根两旁，大眼角内上方凹陷中取穴。可治近视、目赤肿痛等多种眼病。

（2）鱼腰（奇穴）：瞳孔直上，当眼眉之中心。可治近视、眼肌麻痹、急性结膜炎等。

(3) 承泣（胃经）：瞳孔直下，当眼球下壁与眶下缘之间的凹陷中。可治目赤肿痛、近视、白内障、青光眼、视神经萎缩等。

(4) 瞳子髎（胆经）：从小眼角水平向外，当眼眶骨外缘处。可治近视、结膜炎、视神经萎缩、面神经麻痹等。

(5) 风池（胆经）：在枕骨下缘，正当胸锁乳突肌与斜方肌两肌上端之间的凹陷处。可治中风、感冒、头痛、目赤肿痛、口眼㖞斜等。

4. 鱼际揉目　以两手大鱼际桡侧缘的最凸处按摩，沿大眼角→小眼角→太阳穴→绕向前额→ 折回大眼角。如此环形擦揉3圈（图 10－9－6、图10－9－7）。

图 10－9－6

图 10－9－7

**（二）健鼻法（图 10－9－8～图 10－9－10）**

1. 点揉迎香穴　用两手中指指腹的尖端，点揉两侧的迎香穴（鼻唇沟中，正对鼻翼外缘中点），正、反各 9～36 圈。

2. 擦鼻唇沟　用两手大鱼际桡侧缘，自上向下，沿鼻唇沟擦 36 次，注意只向下擦，不向上反擦。

图 10－9－8

图 10－9－9

图 10－9－10

**（三）健耳法（图 10 –9 –11 ~图 10 –9 –15）**

1. 捏搓耳郭　要求捏遍全耳郭 36 下。

2. 塞放耳门　以示指尖插入外耳道，塞紧之后，猛然拔出，如此，一塞一放共进行 3 ~6 次。

3. 推耳背沟（亦称降压沟）　以拇、示二指捏住耳郭，拇指在耳的背面，沿沟自上而下地推 6 ~9 次。

图 10 –9 –11

图 10 –9 –12

图 10 –9 –13

图 10 –9 –14

图 10 –9 –15

**（四）健口法**

1. 口形运动（不发声读字的口形操）　似读字，但不发声，意在进行口形的变化运动。目的是锻炼口腔运动的相关肌肉。

选读的字：

屋——、丽——、喜——、斯——、湖——、蛙——、荷——、

柳——、苏——、得——、鹏——、程——、东——、来——。

2. 搓唇　用一只手的示、中二指，放在对侧半的上、下唇上，横向进行搓动。以左手搓右半侧上下唇 36 次。以右手搓左半侧上下唇 36 次（图 10 –

9－16、图 10－9－17）。

图 10－9－16

图 10－9－17

3. 叩齿　随时、随地地做，次数不限。

4. 刷齿　以舌抵齿，横向环形抹动。先刷齿内侧面，绕向齿的外侧刷回来，如此连续环形抹刷。上牙左、右各 9 圈；下牙左、右各 9 圈（图 10－9－18～图 10－9－20）。

图 10－9－18

图 10－9－19

图 10－9－20

5. 咽津　上节刷齿动作中，会促使口腔内唾液的分泌。待唾液聚集起来后，分小口缓缓咽下。

**（五）浴头面（图 10－9－21～图 10－9－25）**

用两掌贴面，自前额擦下（为洗面状），直到下颏尖，这一行程，称短程。而后返回前额再次下擦，每数至 3、6、9 数时，擦长程路线，即既过面，又过头，绕头面一圈，自枕后返回颏部连续进行，即构成 2 次短程、一次长程的规律按摩形式。照此规律（两短一长）连续搓 36 次。

图 10-9-21

图 10-9-22

图 10-9-23

图 10-9-24

图 10-9-25

有疏通头面经络，促进头面部、颅内外血液循环的作用。因改善了面部血液供应，久之还会有养颜、美容的效果。

## 二、躯干部导引健身法

**（一）九转返还功**

先仰卧床上，平心静气片刻。

【操作】

1. 三条纵线

（1）前正中线：（任脉）从颈部下端至骨盆上缘。

（2）左锁骨中线：以左锁骨中点做垂线，上起锁骨下缘，下止腹股沟。

（3）右锁骨中线：以右锁骨中点做垂线，上起锁骨下缘，下止腹股沟。

2. 两种手法

（1）平推法：可用单掌也可以双掌相叠，从三条线的上端缓慢地轻推至止点，此后将掌提起再次放到线的起点向下平推。如此连推 9 遍。

（2）转揉法：用单掌或双掌，从三条线的上端开始，旋转按揉，且边揉边向下移动，直到止点，提起手掌放回起点，再向下揉。如此连推 9 遍。

【注意】

（1）以上两种按摩，都要求用柔和的力量，忌用拙力、蛮力。以后本功中所有按摩类操作，都要遵守这一原则。

（2）重点部位，如有便秘情况者，可在下腹部及左下腹部或两侧天枢穴处多转几圈，而后再按常速下移。

【功用】

（1）有通调三焦脏腑的功能（健脾、和胃、疏肝、利胆功能尤为显著）。

（2）补益气血，强身壮体。

（3）增进内分泌的功能（胰岛、肾上腺、卵巢等）。

**（二）举盆旋转法（图 10－9－26～图 10－9－28）**

【预备】仰面平卧于硬面平板床上（褥垫不宜过软、过厚），屈膝，双脚平踏床面，两臂平放体侧。

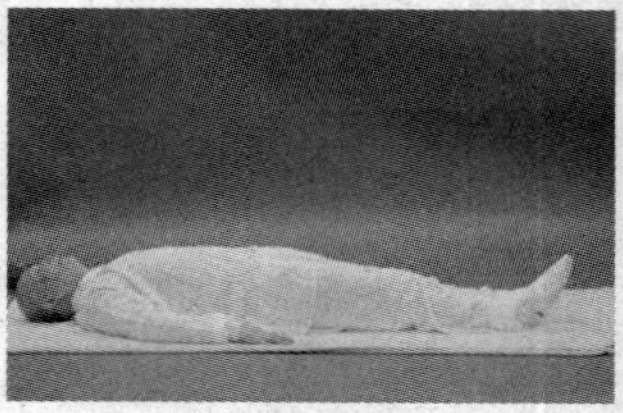

图 10－9－26

图 10－9－27

图 10－9－28

【操作】

（1）用双足、双掌及两肘着床，慢慢加力将骨盆向上撑起。

（2）等骨盆抬举到高处之后，先向左旋转骨盆 6 圈，再向右旋转骨盆 6 圈。停在高处，握拳、缩肛 3 次。而后将骨盆落回床面。

（3）再重复上述动作 2 遍。

【要点】

（1）骨盆要尽力抬高。

（2）旋转骨盆时思想放松，动作宜缓慢、轻柔。

【功用】

（1）可改善盆腔及会阴部器官的血液循环，改善这些器官的营养，消除血行不畅的病理因素。

（2）健脾、壮肾、提升中气。有防治中气下陷类疾病的作用。

### （三）灵龟出洞式（图 10－9－29～图 10－9－33）

图 10－9－29

图 10－9－30

图 10－9－31

图 10－9－32

图 10－9－33

【预备】

屈肘、屈膝俯身跪卧床上（两掌心向下，指尖朝前按在床面上）。

【操作】

（1）全身后移下俯，头颈向肩部尽力后缩，前臂压低，俯身静卧。

（2）全身前移，从屈肘状态下，伸肘并用前臂撑起上身，头颈尽力前伸。

（3）伸头同时，头向一侧缓缓转动，转至极限时，举目望天（好似灵龟出洞之初，为防止鹰鹫等天敌袭击，而仰望天空探查一般）。左右各望一次算 1 遍，共做 3～6 遍。

（1）～（3）连续动作，重复 3～9 遍。

【要点及注意事项】

（1）有动脉硬化，尤其是颈动脉内有斑块形成或其他相关疾病者不宜做本节动作，或先征询专科医生的意见再定夺。

（2）伸缩头颈及转头颈的动作，一定要缓慢、柔和，用力不可过大、过猛。

（3）练功次数，应量力而行，不要机械、勉强地去做。

【功用】

1. 通利血脉、强髓健脑　本节动作，上部活动了向脑输送血液的四条动脉（前方的颈内动脉，后方的椎动脉等）。下部运动了逐节向脊髓供血的动脉通道，供血得以促进，脑与脊髓岂不受益。另外，本节动作也直接运动了椎管内的脊髓和相连的周围神经，所以，也将起到通经活络、强髓健脑的作用。

2. 强脊、壮腰、健肾　本节动作有强健脊柱（骨、骨连结、小关节）及躯干肌的作用。

**（四）骏马侧滚式（图 10 －9 －34 ~ 图 10 －9 －36）**

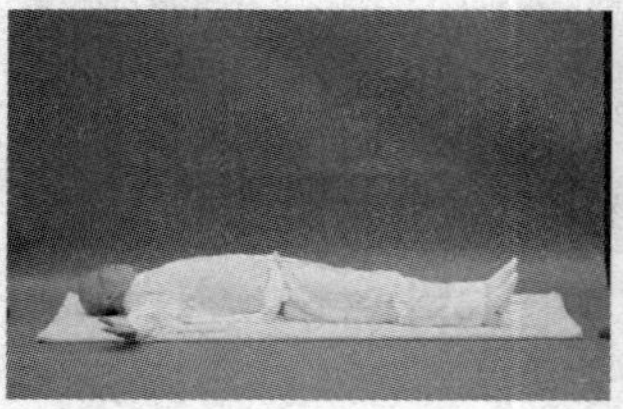
图 10 －9 －34

图 10 －9 －35

图 10 －9 －36

【预备】选一张宽阔的硬面板床和高矮适中的枕头。舒体，仰面静卧。

【操作】

1. 左滚式

（1）仰身平躺在大床右半侧，左臂向左平伸，放在床面上，头放在枕头左端。

（2）右手臂、右腿同时向左侧摆出，带动身躯向左翻滚。

（3）右手掌触及左掌或左前臂，右膝在体左侧接触床面，身体达到完全向左侧转为止。然后再用右手臂回摆，使身体重新恢复仰卧位。至此，算侧滚 1 次，连续侧滚 6 次。

（4）仰卧、抱膝，身体向左右连续轻轻摆动 6 次。

（5）以上（1）～（4）动作，重复 3 ~6 遍。

2. 右滚式　方法同上，只是变换肢体和动作方向就可以了，动作次数也同左滚式。

【要求】

（1）动作要缓慢、柔和。

（2）有风湿性心脏病、冠状动脉硬化性心脏病、活动性肺结核及有内脏下垂者不宜做本节功法。体弱有病者最好先征询医生的意见，看自己是否适合做此项锻炼。

【作用】

（1）疏肝利胆，健脾壮肾。

（2）疏通全身经脉（尤为任、督、带脉），对躯干部静脉血回心有益。

（3）活跃三焦脏腑气血，促进三焦脏腑功能。练本节功法时，体腔脏器随体位变化将会产生一定程度的被动运动，上焦将有利于心、肺。中焦有利于肝、胆、肠、胃。下焦有利于膀胱、前列腺、直肠及卵巢等。

（4）有促进脊髓、脊神经血液供应的作用，也有助于神经传导的畅通。

（5）四肢肌、躯干肌缓慢、节律性的收缩与舒张，可促进其血液循环，有利于肌肉疲劳的较快恢复。

**（五）坐转乾坤法（图 10－9－37～图 10－9－39）**

图 10－9－37

图 10－9－38

图 10－9－39

【预备】自然盘膝（散盘）坐于床上，两手抚按在膝盖骨（髌骨）的前方。

【操作】

1. 轻摇头颈　像风摆杨柳一样，轻松自然地沿水平方向，环形摇转头颈，向左、右各 3 圈。

2. 上身摇转　以腰为轴，水平方向、大幅度缓慢摇转上半身。上半身先向右前方俯身，以头带领上身向左旋转，3～6 圈后再向左前俯身，向右摇转 3～6 圈。

【要点及注意事项】

（1）上身摇转时，俯身可先浅后深，旋转时要缓慢、轻柔、平稳。

（2）有高血压、眩晕或颈、腰椎疾患等头身不宜转动的，可不做本功。

【功用】此节功法，看似平常，但它外动周身，内动脏腑，经络气血也无不受到推动。所以，它是一种外强筋骨、内健脏腑，并畅通经络、气血的作用巨大的重要功法，故称坐转乾坤。

## 三、四肢部导引健身法

**（一）舒缓仰泳式（图 10－9－40～图 10－9－43）**

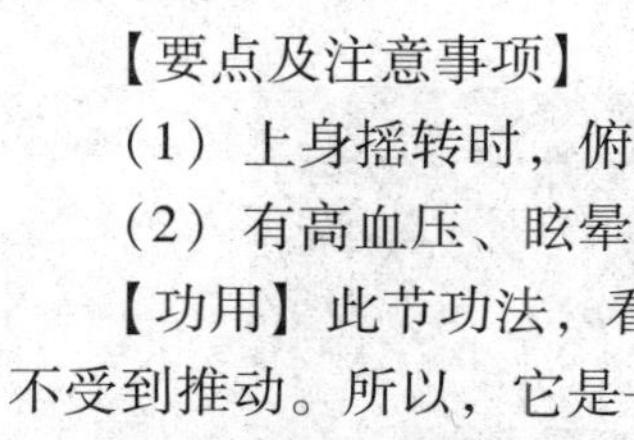

图 10－9－40

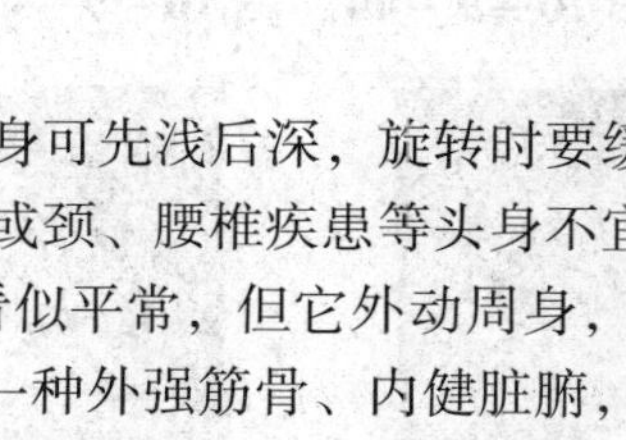

图 10－9－41

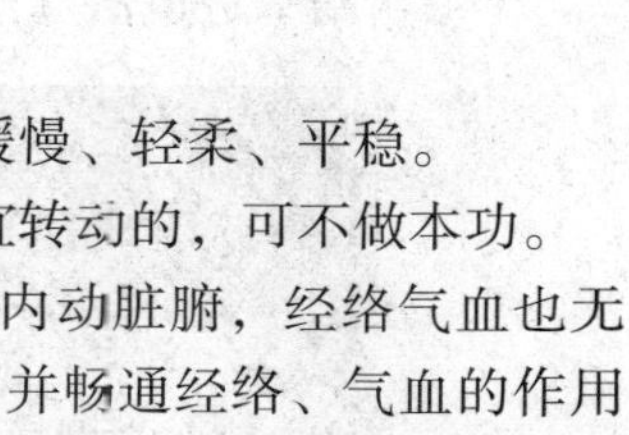

图 10－9－42

【预备】仰卧床上，臂放体侧。

图 10－9－43

【操作】

（1）两上肢以垂腕的姿势自体侧向内合拢，再向上提至颈根部，同时缓缓屈髋、屈膝，使大腿贴近胸腹部。

（2）两手向外转腕、分开，并向足的方向推出，同时分腿，足尖背屈，然后向足的方向夹蹬，两腿并拢伸直。

重复（1）→（2）动作，做3～9遍。

【要点】

（1）上下肢上提时十分轻松，向足的一端推蹬时，意如拨水，要轻轻加力。上提时吸气，推蹬时呼气。

（2）精神、躯体都要尽量放松。整体动作宜舒缓。

【功用】

（1）消除精神紧张。

（2）增强呼吸功能，促进血液循环。

（3）改善并增强四肢肌肉、韧带、关节的功能。对肩周炎、股骨头坏死等病症有预防和协助康复的作用。

**（二）踏车进退法（图10－9－44、图10－9－45）**

图 10－9－44

图 10－9－45

【预备】仰卧床上，做模仿骑自行车的动作。

【操作】

（1）向前正踏，3～9圈。

（2）向后反踏，3～9圈。

【要点】让下肢各关节都运动起来。动作宜慢不宜快。

【功用】

（1）增强下肢肌力，滑利下肢关节。

（2）改善下肢血液循环，进而促进全身血液循环。

（3）疏通下肢经络。

**（三）双足回环法（图 10－9－46～图 10－9－49）**

图 10－9－46

图 10－9－47

图 10－9－48

【预备】仰卧并屈膝关节。

【操作】

（1）以踝关节为中心，双足向内画圈，3～9 圈。

（2）以踝关节为中心，双足向外画圈，3～9 圈。

图 10－9－49

【要点】虽然以踝关节为中心，但还要带动髋、膝两个关节，最终让三大关节都充分地运动起来。

【功用】

（1）疏通下肢经脉。

（2）促进下肢三大关节的功能，增进它们的健康水平。

**（四）摩膝叩齿法（图 10－9－50～图 10－9－52）**

图 10－9－50

图 10－9－51

图 10－9－52

【预备】仰卧床上。

【操作】在仰卧并屈髋、屈膝的姿势下，用两掌从膝关节的前、后、左、右四个方向，对膝关节进行全方位的按摩，同时结合叩齿。

（1）屈膝关节按摩膝关节的前面 120 下。

（2）膝关节半伸状态下，按摩膝关节后面 120 下。

（3）膝关节半伸状态下，两手同时按摩膝关节两侧面各 120 下。

【要点】膝关节负荷重，功能重要，结构复杂，所以按摩时一定要面面俱到，精细操作。

【功用】健膝、固齿、抗衰老。

**（五）俯身攀足法（图10－9－53）**

图10－9－53

【预备】取坐式。

【操作】

（1）两腿并拢前伸。

（2）从坐直的姿态，两臂前挥，上身前俯，贴向大腿，两手慢慢前伸、攀足。不要勉强，尽力前伸即可。

（3）攀足后稍停片刻，再缓缓直起身来，恢复原来的坐姿。

上述（1）～（3）的动作连做3次。

【要点与注意事项】

（1）俯身动作不可过快、过猛。俯身的深度应循序渐进地练，不宜操之过急。

（2）腰部有伤或有器质性病变者，不做或慎做此节动作。

【功用】

（1）通任督，和带脉，壮腰肾。

（2）对慢性腰肌劳损有调理作用，还有一定的减肥作用。

## 四、点穴按摩导引健身法

图10－9－54

取坐式，依序自我按摩如下穴位。

**（一）神门穴（心经）（图10－9－54）**

取穴：在掌侧腕横纹的尺侧端，豌豆骨的桡侧缘。

主治：失眠、健忘、心悸、心痛、头痛、眩晕、便血、痴呆等。

操作：用中指尖旋转按揉，正、反各36圈。

**（二）肾俞（膀胱经）（图10－9－55、图10－9－56）**

取穴：第2腰椎棘突下，旁开1.5寸。

主治：头晕、耳鸣、腰膝酸软、阳痿、遗精、月经不调、水肿、小便不利。

操作：用虎口背面，上下方向搓揉36次。

图 10－9－55

图 10－9－56

图 10－9－57

**（三）足三里（胃经）（图 10－9－57）**

取穴：外膝眼下 3 寸，距胫骨前缘外侧一横指处。

主治：胃痛、呕吐、腹胀、便秘、泄泻、喘咳多痰、气短、心悸、癫狂、中风等。

操作：用中指尖按揉，正反各 36 圈。

**（四）三阴交（脾经）（图 10－9－58）**

取穴：内踝尖上 3 寸，胫骨内侧缘后方。

主治：脾胃虚弱、失眠、遗精、阳痿、月经不调、足痿痹痛、湿疹等。

操作：以中指尖旋转按揉，正、反各 36 圈。

图 10－9－58

**（五）涌泉（肾经）（图 10－9－59）**

取穴：足掌屈趾，前 1/3 与后 2/3 交界处，当屈足卷趾时前足心凹陷处即是本穴。

主治：头晕、头痛、昏厥、中暑、癫痫、小儿惊风、咽喉肿痛、便秘、小便不利、咯血、失眠、足心热等。

操作：指揉或掌揉均可，正、反 36 圈或更多。

图 10－9－59

## 五、引气归元

【预备】身体仰面缓缓平卧下来，静息片刻。

【操作】（图 10－9－60～图 10－9－64）

图 10－9－60

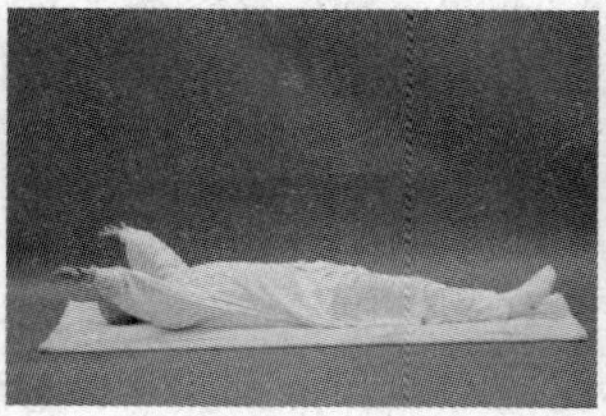
图 10－9－61

图 10－9－62

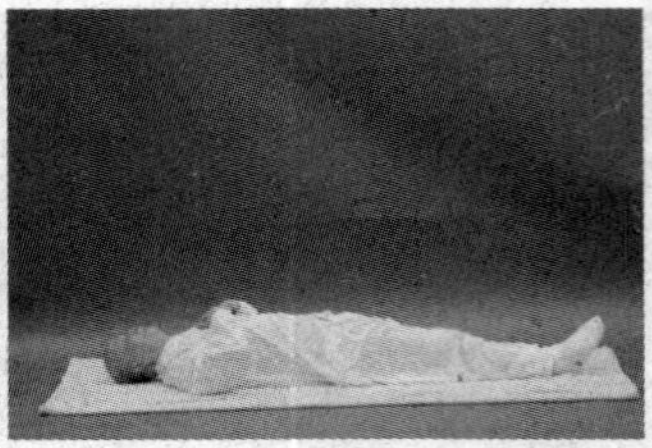

图 10 -9 -63

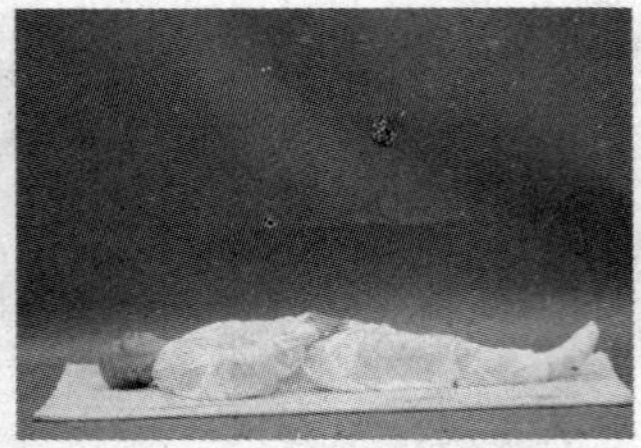

图 10 -9 -64

（1）两手自体侧缓缓上提（吸气），一直提到头顶。

（2）继而，两掌微转，朝向自身，自百会沿体前慢慢下移（呼气）。两掌下落的同时，心想体内生发之真气，渐渐向小腹会聚，气沉丹田（也即引气归元）。

（3）以上（1）~（2）共做3遍。

（4）闭目静养（养气）一个适当时间（5~10 min，也可再长，时间长短可自行选定）。

（5）收功。全功正式结束。